Wolfgang Fallmann

KRYPTO INVESTOR MINDSET

Prinzipien zur Vermeidung von Denkfehlern beim Investieren in Bitcoin und Kryptowährungen

Haftungsausschluss: Investieren in Wertpapiere, Bitcoin, Kryptowährungen und andere Vermögenswerte bedeutet stets hohe Risiken einzugehen und sind mit beträchtlichen Verlustgefahren verbunden. Die Inhalte dieses Buches bieten keine Gewähr für zukünftige Renditen oder Erträge. Autor und Verlag geben keine Garantie oder Gewährleistung auf die Aktualität, Richtigkeit und Vollständigkeit der Inhalte dieses Buches. Eine Haftung für Schäden, die aus der Befolgung der in diesem Buch gegebenen Hinweise resultieren, wird nicht übernommen. Die Aussagen in diesem Buch spiegeln die persönlichen Ansichten des Autors wider, sind rein didaktischer Natur und sind nicht als Finanzberatung oder Anlageempfehlungen im Sinne des Wertpapierhandelsgesetzes zu verstehen.

1. Auflage 2020

ISBN: 978-3951985404

Dieses Buch ist auch als E-Book erhältlich.
www.btc-machine.com

Inhaltsverzeichnis

Vorwort 9

Einleitung: Wie wir denken und Entscheidungen treffen 15

Die zwei Systeme 15

Geistige Abkürzungen 17

KAPITEL 1: Warum wir uns selbst nicht glauben sollten 19

Die WYSIATI-Regel: Es zählt nur, was man gerade weiß 20

Rückschaufehler: Warum wir es die ganze Zeit wussten 21

Der Ergebnisfehler: Zum Schluss wissen wir immer alles besser 23

Bestätigungsfehler: Warum wir Geld verlieren, wenn wir die eigene Erwartung erfüllen 25

Muster-Illusion: Warum wir Dinge sehen, die gar nicht existieren 28

Der Sunk-Cost-Effekt: Warum wir an Investitionen festhalten, obwohl es keinen Sinn mehr macht 30

Der Besitztumseffekt: Warum etwas teurer wird, wenn wir es besitzen 32

Optimismus-Verzerrung: Warum uns unser Optimismus Geld kostet 34

Der Planungsfehlschluss: Wir brauchen immer länger als wir glauben 38

KAPITEL 2: Warum wir unserer Umgebung nicht trauen dürfen 41

Ankereffekt: Wie beliebige Zahlen unsere Investitionsentscheidungen beeinflussen 42

Priming Effekt: Wie uns unsere Umgebung unbewusst beeinflusst 45

Der Mere-Exposure-Effekt: Je mehr desto besser 48

Framing Effekt: Warum wir uns umentscheiden, wenn das Gleiche anders dargestellt wird 49

KAPITEL 3: Warum wir Experten und Ratgebern nicht glauben sollten 55

Der Halo-Effekt: Der Schein trügt. Lassen Sie sich nicht blenden! 56

Kompetenzillusion: Warum Experten keine besseren Vorhersagen machen 59

Erkenntnisillusion: Warum Sie keine Erfolgsgeschichten lesen sollten 62

Selbstüberschätzung: Warum Finanzvorstände den Kurs nicht vorhersagen können 64

KAPITEL 4: Warum Verluste schmerzhafter als Gewinne erfreulich sind 67

Die neue Erwartungstheorie: Entscheidungen unter Unsicherheit 68

Verlustaversion: Warum wir uns selbst um unsere Gewinne bringen 71

Der Dispositionseffekt: Warum wir Rendite einbüßen, wenn wir Gewinner verkaufen 74

Sicherheitseffekt und Möglichkeitseffekt: Wie Lotterien und Versicherungen uns abzocken 76

KAPITEL 5: Emotionen und Gefühle. Einfluss auf unsere Investmententscheidungen 83

Affektheuristik: Unsere Gefühle und Emotionen entscheiden 84

Reue: Warum wir manche Investitionen bereuen, dies aber nicht tun müssen 86

Enttäuschung: Warum wir von manchen Investitionen nicht enttäuscht sein müssen 90

Angst und Gier: Auswirkung auf unsere Investmententscheidungen 92

Die Verfügbarkeitskaskade: Wie Hype und Crash ausgelöst werden 94

Ego-Depletion: Wieso Sie abends keine Investmententscheidungen treffen sollten 97

KAPITEL 6: Statistik und Wahrscheinlichkeit 99

Basisratenfehler: Warum uns die Vernachlässigung von Wahrscheinlichkeiten Geld kostet 100

Verfügbarkeitsfehler: Wir überschätzen, was uns schnell einfällt 102

Repräsentativitätsheuristik: Verlassen Sie sich nicht aufs Augenscheinliche 105

Nenner-Vernachlässigung: Warum wir Wahrscheinlichkeiten falsch gewichten 107

Der Korrelation-Kausalität-Fehler: Jeder, der Wasser trinkt, stirbt 109

Konjunktionsfehlschluss: Je genauer die Geschichte, desto unwahrscheinlicher ist sie 111

Regressionseffekt: Die Schlechten werden besser werden 113

KAPITEL 7: Prinzipien für erfolgreiches Investieren 117

Warum uns einfache Regeln zu besseren Investoren machen 118

Treffen Sie rationale Entscheidungen 119

Vermeiden Sie Denkfehler 121
Vertrauen Sie keinen Experten 133
Kontrollieren Sie ihre Emotionen 135
Führen Sie ein Journal 136
Berechnen Sie Erwartungswerte 138
Etablieren Sie die Bayes'sche Denkweise 143
Nutzen Sie die Prä-Mortem Methode 144
Nutzen sie Hypothesentests 144
Verhalten bei Crash und Hype 145
Schlusswort 149
Über den Autor 150
Danksagung 151
Glossar 153
Quellen 161
Register 169

Vorwort

Der Höhepunkt meiner Investitionen in Kryptowährungen war erreicht, als mein Portfolio über 650% im Gewinn gewesen war. Ich telefonierte damals mit meinem besten Freund, um zu berichten, wie gut sich meine Investitionen entwickelt hatten. Er meinte, ich solle einen Teil der Gewinne realisieren. Mein Ego, meine Gier, Selbstüberschätzung, der Besitztumseffekt und weitere Faktoren führten dazu, dass ich die Gewinne nicht realisierte und alles wieder verlor. In der Vergangenheit hatte ich immer wieder Fehler beim Investieren gemacht, diese aber nie analysiert. Ich habe sie einfach ausgeblendet, dem Markt oder anderen die Schuld für meinen Misserfolg gegeben und das schlechte Investment einfach vergessen. Beim nächsten Mal werde ich es besser machen, dachte ich. Es brauchte viele weitere Misserfolge bis ich endlich realisierte, dass ich immer wieder dieselben Fehler machte, dass es an mir selbst lag und nicht an anderen Personen, den Nachrichten, den Experten oder dem Markt. Als der Schmerz über die ständigen Verluste diesmal ein Maximum erreichte, begann ich mich intensiv mit mir selbst, meinen Gedanken, Emotionen und menschlichen Denkfehlern zu beschäftigten. Das war der Wendepunkt.

Ein großer Teil der Anleger und Investoren verlieren an den Märkten Geld. Wir Menschen glauben, dass wir rationale und gute Entscheidungen treffen können. Leider trifft das auf den Großteil der Menschen und für die meisten Investitions-Entscheidungen nicht zu. Wir lassen uns nur zu oft von uns selbst täuschen und verlassen uns bei unseren Entscheidungen zu sehr auf unsere aktuelle Stimmung, Gefühle und Emotionen. Wir glauben unserer ersten intuitiven Antwort, die jedoch meist Fehler verursacht. Wir tendieren zu Risikofreude bei Verlusten und Risikoscheu bei Gewinnen. Wir überschätzen tendenziell unser Wissen über die Welt und unterschätzen die Rolle, die der Zufall bei Ereignissen spielt. Weil unser Gehirn nicht darauf ausgelegt ist, ignorieren wir statistische Tatsachen und übergewichten unwahrscheinliche Ereignisse. Die Gewichtungen für unsere Entscheidungen passen nicht zu den dazugehörigen Wahrscheinlichkeiten und wir weichen systematisch vom Erwartungswert ab, was kostspielig ist. Bei Entscheidungen in Bezug auf Finanzen messen wir Gewinnen und Verlusten viel mehr einen Wert zu als dem Vermögenszustand selbst. Diese und andere Gründe, verursachen vorhersagbare Fehler im Denken. Diese Fehler führen zu schlechten Entscheidungen und dies wiederum führt zu Verlusten bei unseren Investitionen.

Daniel Kahneman, ein israelisch-amerikanischer Psychologe und Ökonom forschte mit seinem Kollegen Amos Tversky Jahrzehnte lang, um herauszufinden wie Menschen unter Unsicherheit Entscheidungen treffen. Sie entwickelten die neue Erwartungstheorie, welche die Grundlage der Verhaltensökonomik darstellt. Für die Arbeit „Psychology of judgement and decision-making" bekam Kahneman 2002 den Nobel-Preis. Leider verstarb Amos Tversky schon 1996. Kahneman, Tversky und weitere Kollegen (wie beispielsweise der Verhaltensökonom und Psychologe Dan Ariely) nahmen mit ihren Forschungen und Experimenten zum menschlichen Entscheidungsverhalten Einfluss auf mich und dadurch auch auf dieses Buch.

Einen weiteren Einfluss hat der Finanzmathematiker, Risiko- und Zufallsforscher Nassim Nicholas Taleb. Er ist ein unkonventionell denkender, provozierender Forscher und

Bestsellerautor, der mit seinen Einsichten aus seiner zwanzigjährigen Tätigkeit als Wertpapier- und Optionenhändler ebenfalls mich und dieses Buch mitprägte. Taleb fokussiert sich bei seinen Investitionen vor allem auf unerwartete, plötzlich auftretende Marktereignisse (sogenannte Schwarze Schwäne), die massive Marktbewegungen verursachen und viele Anleger in den Ruin treiben, weil sie mit solchen Marktanomalien nicht rechnen.

Einen weiteren Einfluss hatte der US-amerikanische Unternehmer und Gründer Ray Dalio. Dalio baute „Bridgewater Associates", einen weltweit bekannten und sehr erfolgreichen Hedgefonds auf. Dalio führte seinen Erfolg auf folgende zwei Dinge zurück. Erstens modelliert er komplizierte Märkte als eine einfache Maschine. Er untersucht, wie die einzelnen Teile zusammenarbeiten und versucht somit zu verstehen, wie die Märkte funktionieren. Der Markt besteht aus menschlichen Akteuren, die alle den gleichen psychologischen Effekten und Denkfehlern unterliegen. Menschliches Verhalten bei Investitionsentscheidungen zu verstehen ist also ein Teil dieser Maschine. Zweitens stellt er allgemein gültige Regeln, sogenannte Prinzipien auf, die er immer wieder anwendet, verfeinert und weiterentwickelt. Diese Prinzipien sind das Geheimnis des außergewöhnlichen Erfolges seines Fonds und seiner Firma.

Aus den Forschungen zum menschlichen Verhalten bei Entscheidungen von Kahneman, Tversky, Ariely und anderen Kollegen, den Erkenntnissen von Taleb über das Risiko und Verhalten der Marktteilnehmer beim Investieren und den Erfolgsprinzipien von Dalio leite ich am Ende dieses Buches allgemein gültige Prinzipien fürs Investieren in Bitcoin und Kryptowährungen ab. Sie sollten diese Prinzipien für sich anwenden, auf ihre persönlichen Bedürfnisse anpassen und weiterentwickeln. Diese Prinzipien sind der Grundstein für ein erfolgreiches Traden und Investieren in Bitcoin und Kryptowährungen. Ziel dieses Buches ist es, Ihnen die unbewussten Denkfehler aufzuzeigen, damit Sie daraus lernen und damit Ihre Urteile und Entscheidungen bei Ihren Investitionen verbessern. Dies erfordert eine gewisse Disziplin und Anstrengung ihrerseits. Sich selbst einzugestehen, dass man Fehler bei der Urteilsfindung begeht, ist der erste und wichtigste Schritt. Ein offenes Mindset und die Bereitschaft, alte Glaubenssätze gegen neue zu tauschen, ist Grundvoraussetzung. Um das Beste aus diesem Buch rauszuholen, sollten Sie sich einen Stift und einen Notizblock bereitlegen. Es gibt einige Beispiele und Gedanken-experimente, die Sie unbedingt bei sich selbst ausprobieren sollten. Sie sind in kursiver Schrift dargestellt. Sie werden einerseits sehen, dass Sie selbst anfällig für Denkfehler sind und andererseits hilft es Ihnen dabei, solche Denkfehler in Zukunft zu vermeiden, da Sie diese Beispiele selbst durchgedacht und das Ergebnis notiert haben. Manche Dinge sind anfangs möglicherweise nicht intuitiv verständlich und es braucht Zeit, sie richtig zu verstehen und sie umzusetzen. Betrachten Sie dieses Buch deshalb als Ihren Coach und Begleiter, schlagen Sie von Zeit zu Zeit wieder nach und eignen Sie sich die Prinzipien für erfolgreiches Investieren an. Ziemlich sicher werden Sie bei manchen Stellen überrascht sein und die Wahrheit möglicherweise anzweifeln. Unser Gehirn täuscht uns nur zu gerne und es wird es Ihnen nicht leicht machen, dies zu durchschauen. Ich empfehle Ihnen deshalb zusätzlich die Bücher „Schnelles Denken, langsames Denken“ von Daniel Kahneman, der „Schwarze Schwan“ und „Narren des Zufalls“ von Taleb und „Principles“ von Ray Dalio zu lesen. Sie werden Ihnen nicht nur beim Investieren, sondern auch in anderen Lebensbereichen einen Mehrwert liefern.

Ich wusste unterbewusst, dass meine Trading- und Investitionsergebnisse zum größten Teil durch meine Entscheidungen in den Märkten abhingen. Ich habe gefühlt, dass ich mich manchmal hätte anders Verhalten müssen, um bessere Investitionsentscheidungen zu treffen und dennoch habe ich immer die gleichen Fehler gemacht. Zum Glück kam ich an einen Punkt, an dem ich mein Handeln hinterfragt habe. Dieses Buch ist das Ergebnis dieser langen Reise. Ich versichere Ihnen, wenn Sie die Inhalte dieses Buches verstehen und anwenden, wird es Ihnen persönlich genauso die Augen öffnen, wie es bei mir der Fall war. Ihre Investitionen und Trades werden sich verbessern und außerdem wird es Ihnen einen Mehrwert in anderen Lebensbereichen bringen.

Holen Sie sich nun etwas zum Schreiben und Legen Sie los!

Einleitung: Wie wir denken und Entscheidungen treffen

In den Siebzigerjahren hielt man zwei Annahmen über das Verhalten von Menschen als erwiesen. Erstens verhalten sich Menschen im Allgemeinen rational und sie denken normalerweise klar. Zweitens erklären Emotionen wie Angst, Hass, Zuneigung usw. die meisten Fälle, bei denen Menschen von der Rationalität abweichen. Daniel Kahneman und Amos Tverski widerlegten das. In der von ihnen entwickelten neuen Erwartungstheorie (englisch *Prospect Theory*) analysierten sie die Entscheidungsfindung unter Unsicherheit und kamen zum Ergebnis, dass sich Menschen viel irrationaler verhalten als gedacht.

Die zwei Systeme

Wir Menschen haben zwei Systeme, mit denen wir denken:

System I: Das schnelle, intuitive Denken

System II: Das langsame, kognitive Denken

System I ist zuständig für unsere vollkommen automatisierten Wahrnehmungsprozesse und automatisierten Routinen. Es übernimmt in Notlagen die Kontrolle, um uns zu schützen und weist Handlungen, die dem Selbstschutz dienen, höchste Priorität zu. Es ist immer aktiv, es kann nicht abgestellt werden und das ist der Grund dafür, dass uns Fehler passieren, die dem System II nicht auffallen. Das Denken geschieht automatisch und unbewusst. Es ist stereotypisierend und emotional. System I arbeitet fast mühelos. Es ist einflussreicher als wir subjektiv empfinden und steuert insgeheim viele Entscheidungen. Der Grund, warum es uns so schwer fällt statistisch zu denken ist, dass System I nicht dafür ausgelegt ist.

System II ist zuständig für unser langsames Denken. Es ist die anstrengende Form des Denkens. Es ist selten aktiv und wir müssen es aktivieren, was uns Anstrengung kostet. Mit der Aktivierung von System II handeln wir wohlüberlegt. Es ist mühsam, es braucht Arbeit und Konzentration. Bei der Aktivierung von System II weiten sich unsere Pupillen und der Herzschlag erhöht sich. Es erfordert Aufmerksamkeit und wird gestört, wenn Aufmerksamkeit abgezogen wird. System II ist faul und wendet nur ein Minimum an Arbeit auf. Es ist logisch, berechnend und bewusst. Sie können ihr System II aktivieren, indem sie folgende Frage beantworten:

Wieviel ist 17x24? Schreiben Sie ihre Antwort auf.

Zwischen den zwei Systemen gibt es häufig Konflikte. System II ist für die Selbstbeherrschung zuständig und verarbeitet die Impulse von System I. System II kontrolliert System I. Diese Kontrolle ist wichtig, da es bei System I zu massiven Fehleinschätzungen kommen kann. Diese Überwachung ist jedoch anstrengend und kostet Energie. Um die Qualität unserer Entscheidungen zu erhöhen, sollten wir also unser System II aktivieren und „langsamer" denken. System II ist jedoch auch nicht immun gegenüber Fehlschlüssen, wie Sie im Folgenden noch sehen werden.

Testen Sie ihre Systeme anhand des folgenden Beispiels:

Ein Schläger und ein Ball kosten 1,10 Dollar. Der Schläger kostet einen Dollar mehr als der Ball. Wieviel kostet der Ball?
Schreiben Sie ihre Antwort auf.

Dieses Beispiel ist bekannt als „Schläger-Ball-Problem". Über 50 Prozent der Studenten auf den Elite-Universitäten Harvard, Princeton und MIT (Massachusetts Institute of Technology) gaben die intuitive, falsche Antwort. Auf anderen Universitäten gaben über 80 Prozent die falsche Antwort. Wenn Ihre Antwort 10 Cent war, dann haben Sie sich auf ihr intuitives, schnelles System I verlassen und die falsche Antwort gegeben.

Aktivieren Sie nun ihr System II und betrachten Sie das Beispiel noch einmal und finden Sie heraus, was die richtige Antwort ist.

Schreiben Sie ihre Antwort auf.

Die Lösung des Problems ist wie folgt: Der Schläger soll 1 Dollar "mehr als der Ball" kosten. Die beiden Bedingungen, Gesamtkosten ist gleich 1,10 und Schläger ist 1 Dollar teurer, sind nur erfüllt, wenn der Ball 5 Cent und der Schläger 1,05 Dollar kostet. Dieses Beispiel zeigt, dass sehr viele Menschen ihren Intuitionen (intuitives, schnelles System I) zu sehr vertrauen und nicht hinterfragen (Aktivierung von System II).

Geistige Abkürzungen

Mehrere Dinge gleichzeitig auszuführen (Multitasking) ist nur möglich, wenn sie einfach und anspruchslos sind, wie beispielsweise Autofahren und mit dem Beifahrer reden. Ein anschauliches Beispiel für diese Feststellung ist die „Monkey Business Illusion".

Besuchen sie YouTube, suchen Sie nach „The Monkey Business Illusion" von Daniel Simons (oder verwenden sie den Link[1] in der Fußnote) und sehen sie sich das Video an, bevor sie weiterlesen.

Dieses Video eröffnet uns zwei Tatsachen über mentale Prozesse. Erstens können wir gegenüber dem offensichtlichen blind sein und zweitens sind wir darüber hinaus blind für unsere Blindheit. Wenn wir unsere Aufmerksamkeit gezielt auf etwas richten, dann übersehen wir oft andere unerwartete Dinge. Das bedeutet, wenn das System

[1] https://www.youtube.com/watch?v=IGQmdoK_ZfY

II aktiv ist, sind wir blind für andere Dinge. In unserem Denken unterliegen wir also einer Illusion. Wir werden von uns selbst getäuscht.

Unser Gehirn ist faul und sucht nach geistigen Abkürzungen, um schnell zu einer Entscheidung zu gelangen. In der Psychologie wird das etwas sperrig als Heuristik (oder auch Urteilsheuristik) bezeichnet. Mit anderen Worten: Heuristiken sind einfache Regeln für eine schnelle Beurteilung oder Entscheidungsfindung. In vielen Lebenssituationen ist es nur selten möglich oder oft zu aufwändig, unzählige Alternativen zu recherchieren, Wahrscheinlichkeiten abzuschätzen und dann rational abzuwägen. Wir Menschen lassen oft gerne statistische Fakten außer Acht und verlassen uns lieber auf eine vereinfachende Heuristik, um ein schwieriges Urteil zu fällen. Dieses Vertrauen auf diese Heuristik verursacht vorhersehbare Fehler (auch Verzerrungen genannt, englisch *Bias*) bei unseren Vorhersagen. Vor allem beim Investieren begegnen wir diesen Fehlern nur allzu oft und merken es selbst nicht einmal. Zu den bekanntesten Urteilsheuristiken zählen die

- Affektheuristik
- Verfügbarkeitsheuristik
- Repräsentativitätsheuristik
- Ankerheuristik

Wir werden diese und andere Heuristiken im Laufe des Buches noch ausführlich besprechen.

KAPITEL 1: Warum wir uns selbst nicht glauben sollten

In diesem Kapitel sehen wir uns an:

- Die WYSIATI-Regel: Es zählt nur, was man gerade weiß
- Rückschaufehler: Warum wir es die ganze Zeit wussten
- Der Ergebnisfehler: Zum Schluss wissen wir immer alles besser
- Bestätigungsfehler: Warum wir Geld verlieren, wenn wir die eigene Erwartung erfüllen
- Muster-Illusion: Warum wir Dinge sehen, die gar nicht existieren
- Der Sunk-Cost-Effekt: Warum wir an Investitionen festhalten, obwohl es keinen Sinn mehr macht
- Der Besitztumseffekt: Warum etwas teurer wird, wenn wir es besitzen
- Optimismus-Verzerrung: Warum uns unser Optimismus Geld kostet
- Der Planungsfehlschluss: Wir brauchen immer länger als wir glauben

Die WYSIATI-Regel: Es zählt nur, was man gerade weiß

WYSIATI steht für „What you see is all there is“ auf Deutsch etwa “Es zählt nur, was man gerade weiß“. Daniel Kahneman hat herausgefunden, dass unser Gehirn nur die aktuell verfügbaren Informationen verarbeitet und wir auf dieser beschränkten Datenbasis unsere intuitiven, voreiligen Schlussfolgerungen treffen. Schuld ist unser intuitiv, schnell denkendes System in unserem Gehirn. Dies wird von Daniel Kahneman als System I bezeichnet. Es macht uns unempfindlich gegenüber der Qualität und Quantität der Informationen. Die Präsentation von einseitigen Informationen (nur eine Seite einer Geschichte) wirkt sich auf uns Menschen sehr stark auf unsere Urteilsfindung aus. Testpersonen wurden einseitige Informationen gegeben und es wurde ihnen auch gesagt, dass es sich um einseitige Informationen handelt. Obwohl die Testpersonen die Möglichkeit hatten, sich ein Bild von der anderen Situation zu machen (Aktivierung von System II), taten sie dies nicht. Interessant ist auch, dass Personen, die nur einseitige Informationen haben, sehr viel sicherer in ihrer Urteilsfindung sind als Personen, die sich ein Bild von beiden Seiten machen. Die Konsistenz der Informationen, aus denen wir eine Geschichte konstruieren, ist uns Menschen wichtiger als die Vollständigkeit dieser Informationen. Die Stärke unserer inneren Überzeugung einer Sache ist also abhängig vom Zusammenhang (Kohärenz) der Geschichte, die wir aus den verfügbaren Informationen konstruieren. Wenn man wenig weiß, ist es leichter, diese wenigen Informationen zu einer konsistenten Geschichte zusammenzusetzen, als wenn man viel weiß. Deshalb sorgt WYSIATI auch dafür, dass wir uns nicht mehr Informationen holen, um uns nicht unsere Geschichte zu verderben.

In Bezug auf unsere Investments bedeutet das, dass wir uns nur genauso viele Informationen besorgen, wie wir für eine zusammenhängende, für uns logisch erklärbare Geschichte benötigen. Wir fühlen uns damit auch sicher in unserer Urteilsfindung. Wir machen uns nicht die Arbeit, auch die andere Seite einer Geschichte anzusehen, da dies unsere Geschichte eventuell verderben könnte und uns unsicherer für unsere Vorhersagen macht. Kurz gesagt, treffen wir oft Investitionsentscheidungen nur anhand der gerade verfügbaren Informationen. Wir denken nicht an die Dinge, die wir nicht wissen.

Rückschaufehler: Warum wir es die ganze Zeit wussten

Ich erinnere mich zurück an den großen Bitcoin Hype im November 2017. Es herrschte positive Stimmung im Bitcoin und Altcoin Markt. Einer meiner Bekannten investierte damals in Bitcoin. Er war überzeugt davon, dass der Bitcoin Preis weit über 20.000 steigen würde und konnte auch plausible Gründe dafür nennen. Ein halbes Jahr später, (der Bitcoin Preis brach ein und lag bei ungefähr 8000 USD) traf ich ihn wieder und wir redeten über seine Investition. Er sagte, dass er wusste, dass der Bitcoin Preis niemals über 20.000 USD steigen würde und erzählte mir auch diesmal plausible Gründe dafür. Ihm selbst fiel es nicht auf, aber ich konnte mich noch genau an die damalige Situation erinnern, wie er mit einer Überzeugtheit und seinem Enthusiasmus von den Gründen erzählt hatte, warum der Bitcoin Preis so hoch steigen würde. Doch als er sich später zurück erinnerte, wusste er nichts mehr davon und sagte sogar das Gegenteil von dem, was er damals sagte. Er unterlag dem sogenannten Rückschaufehler.

Der Rückschaufehler (englisch *Hindsight Bias*), auch „Ich wusste es die ganze Zeit-Effekt" ist die Tendenz von Menschen im Nachhinein zu glauben etwas gewusst zu haben, was sie nachweislich nicht gewusst haben. Das bedeutet, dass wenn wir das Ergebnis kennen und uns daran zurückerinnern, wir eine Verzerrung des echten Ergebnisses wiedergeben. Der Rückschaufehler ist eine kognitive Illusion. Der menschliche Geist hat eine mangelhafte Fähigkeit, vergangene Wissenszustände oder Überzeugungen, die sich verändert haben, zu rekonstruieren. Sobald man eine neue Sicht auf die Dinge hat, verliert man die Fähigkeit, sich an das zu erinnern, was man glaubte, bevor man seine Meinung änderte.

Viele Psychologen haben den Rückschaufehler untersucht, um herauszufinden was passiert, wenn wir unsere Meinung ändern. Wenn ein Ereignis tatsächlich eingetreten war, überschätzten die Befragten die Wahrscheinlichkeit, die sie dem Ereignis früher zugeschrieben hatten („Ich wusste es die ganze Zeit"). Wenn ein Ereignis nicht eingetreten war, erinnerten sie sich fälschlich, dass sie es schon immer für unwahrscheinlich hielten. Weitere Experimente zeigten, dass Menschen die Genauigkeit nicht nur ihrer eigenen früheren vorhersagen, sondern auch die von anderen überbewerteten. Der Rückschaufehler wurde auch bei Wikipedia Artikeln gefunden. Es wurde beispielsweise festgestellt, dass bei Katastrophen die späteren Artikelversionen stärker nahelegten, dass es zu dieser Katastrophe hätte kommen müssen.

Der Rückschaufehler ist ein sehr starker Effekt. Er tritt auch auf, wenn wir vom Rückschaufehler wissen. Wir erinnern uns fälschlicherweise an falsche Tatsachen, wenn wir uns an unsere Trades oder Investitionen zu einem späteren Zeitpunkt zurückerinnern. Wir überschätzen die Wahrscheinlichkeit, wenn ein Ereignis wirklich eintritt („ich wusste es die ganze Zeit, dass der Kurs steigt/fällt") und wir unterschätzen, wenn ein Ereignis nicht eingetreten ist. Beispielsweise sind wir in der Rückschau der Meinung, den Kurs schon immer richtig vorhergesagt zu haben, was aber meistens nicht stimmt. Wir erinnern uns nur falsch daran.

Der Ergebnisfehler: Zum Schluss wissen wir immer alles besser

Mein Bekannter machte einen Verlust als er damals im Hype investierte. Er kaufte bei einem Bitcoin Kurs von ca. 14.000 USD ein und hielt seine Positionen noch lange nachdem der Kurs nach dem Hype eingebrochen war. Als wir uns wegen dieser Investition unterhielten, sagte er, dass es eine schlechte Investition gewesen sei. Aber das stimmte nicht ganz, denn nachdem er eingestiegen war, stieg der Kurs ja bis knapp 20.000 USD an. Er versäumte leider den rechtzeitigen Ausstieg. Mit seiner Beurteilung, ob es eine gute oder schlechte Entscheidung gewesen sei, beging er den sogenannten „Ergebnisfehler".

Der Ergebnisfehler (englisch *Outcome Bias*) ist die Tendenz von Menschen, eine Entscheidung anhand ihres Endergebnisses zu beurteilen, anstatt auf die Qualität der Entscheidung zum Zeitpunkt der Entscheidung. Wir beurteilen also unsere Trades und Investments am Ende, wenn wir einen Verlust oder einen Gewinn realisiert haben. Dies ist ein Ergebnisfehler, denn eigentlich müssen wir bewerten, ob die Entscheidung zu Beginn des Trades bzw. Investments gut war oder nicht. Nicht jeder Verlusttrade war eine schlechte Entscheidung und nicht jeder Gewinntrade war eine gute Entscheidung. Bei der Beurteilung übt der Rückschaufehler einen schädlichen Einfluss aus. Er veranlasst einen dazu, eine Entscheidung nach dem Ergebnis (beispielsweise positives oder negatives Ergebnis einer Investition) zu beurteilen, anstatt zu beurteilen, ob der Prozess der Entscheidungsfindung gut war. Wenn die Ergebnisse schlecht sind, denken Investoren, dass die Entscheidung schlecht war und sie die Zeichen nicht gesehen haben. Dabei vergessen sie jedoch, dass diese Zeichen erst im Nachhinein sichtbar wurden. Manche Investitionen, die im Vorfeld vernünftig klangen, können in der Rückschau als fahrlässig erscheinen. Dabei gilt: Je schlimmer die Folgen umso größer der Rückschaufehler. Umgekehrt dazu werden Investoren, die Glück hatten, belohnt und nicht dafür bestraft, unverhältnismäßig hohe Risiken eingegangen zu sein. Stattdessen glaubt man, dass diese Investoren Gespür und Weitblick besessen haben, um den Erfolg vorherzusehen. Die Personen, die an diesen Investoren zweifelten, werden in der Rückschau dann als zurückhaltend und schwach beurteilt. Einige glücklich ausgegangene Wagnisse können einem rücksichtslosen Investor dann mit einem Halo der Voraussicht und Kühnheit umgeben (siehe später Halo-Effekt).

Oftmals glauben Investoren, die Vergangenheit verstanden zu haben und dass man die Zukunft vorhersagen und kontrollieren könne. Das ist leider oftmals eine Illusion. Diese Illusionen sind beruhigend, sie verringern unsere Angst, wenn wir uns die Ungewissheit der Zukunft bewusst machen würden. Wir alle streben nach der beruhigenden Botschaft, dass unsere Handlungen die gewünschten Folgen haben und dass Klugheit und Mut von Erfolg gekrönt ist. Testen Sie sich selbst:

Schreiben Sie den heutigen Kurs der Kryptowährungen, in die Sie investieren wollen oder schon investiert haben nieder. Geben Sie nun eine Schätzung ab, wo sich der Kurs aller Kryptowährungen in genau 6 Monaten befinden wird. Dokumentieren Sie auch, warum Sie glauben, dass sich der Kurs genau dort befinden wird. Welche Informationen oder Faktoren haben Sie für ihre Einschätzung eingesetzt? Dokumentieren Sie so genau wie möglich! Tragen Sie sich eine Erinnerung in ihren Kalender ein und überprüfen Sie in 6 Monaten die Realität mit Ihrer Prognose.

Diese Aufgabe führt zu der schmerzhaften Einsicht, dass wir mit unseren Vorhersagen fast immer daneben liegen - obwohl wir im Nachhinein gerne das Gegenteil behaupten (Rückschaufehler). Das einzige Mittel, um den Ergebnisfehler zu vermeiden, ist Tagebuch über unsere Trading- und

Investitionsentscheidungen zu führen und alles zu dokumentieren, was uns zu dieser Entscheidung gebracht hat. Nach einigen Trades und Investitionen können wir auswerten, welche ursprünglichen Entscheidungen zu welchem Ergebnis führten und darauf unsere Strategie anpassen, ohne den Ergebnisfehler zu begehen. Wir können aus vergangenen Handelsentscheidungen lernen und Handlungsprinzipien für zukünftige Entscheidungen ableiten.

Bestätigungsfehler: Warum wir Geld verlieren, wenn wir die eigene Erwartung erfüllen

Der Bestätigungsfehler (auch Bestätigungsverzerrung, englisch *Confirmation Bias*) ist die Neigung von Menschen, Informationen so zu suchen, auszuwählen und zu interpretieren, dass die eigenen Erwartungen erfüllt (bestätigt) werden. Das hat weitreichende Auswirkungen auf Investoren, da sie gezielt nach Informationen suchen, die sie bei ihrer Grundannahme (zum Beispiel, dass der Kurs sich nach oben/unten bewegen müsse) unterstützen. Dazu kommt, dass Daten ausgewählt werden, die ihre Überzeugung unterstützen und der Rest der Daten ignoriert werden, da sie nicht unterstützend sind. Außerdem neigen Investoren dazu, mehrdeutige Beweise als Unterstützung ihrer bestehenden Position zu interpretieren. Der Effekt ist am stärksten bei gewünschten Ergebnissen, bei emotional aufgeladenen Problemen und bei tief verwurzelten Überzeugungen.

Peter Wason war in den 1960er Jahren der erste, der eine Theorie zu dieser Verzerrung entwickelt hat. Eine Reihe von psychologischen Experimenten deutete darauf hin, dass die Menschen voreingenommen sind, ihre bestehenden Überzeugungen zu bestätigen. Spätere Arbeiten interpretierten diese Ergebnisse als Tendenz, Ideen einseitig zu testen, sich auf nur eine Möglichkeit zu konzentrieren und Alternativen zu ignorieren (*myside bias*, ist ein alternativer

Name für den Bestätigungsfehler). In bestimmten Situationen kann diese Tendenz die Schlussfolgerungen der Menschen beeinflussen. Erklärungen für den Fehler sind Wunschdenken und die begrenzte menschliche Fähigkeit, Informationen zu verarbeiten. Eine andere Erklärung ist, dass Menschen den Bestätigungsfehler zeigen, weil sie die Kosten für Unrecht abwägen, anstatt auf neutrale, wissenschaftliche Weise zu untersuchen. Auch Wissenschaftler und intelligente Menschen können zum Bestätigungsfehler neigen.

Bestätigungsverzerrungen tragen zu einem übermäßigen Vertrauen in die persönlichen Überzeugungen bei und können diese Überzeugungen angesichts gegenteiliger Beweise aufrechterhalten oder sogar stärken. Aufgrund dieser Vorurteile wurden schlechte Entscheidungen in politischen, organisatorischen, finanziellen und wissenschaftlichen Kontexten getroffen. Zum Beispiel führt eine Bestätigungsverzerrung zu systematischen Fehlern in der wissenschaftlichen Forschung, die auf induktivem Denken beruhen (die allmähliche Anhäufung unterstützender Beweise). Ein Polizist mit Vorurteilen wird beispielsweise bei einem Verdächtigen zu Beginn einer Untersuchung eher nach Bestätigung suchen, anstatt sich auf entkräftend Beweise zu konzentrieren. Bestätigungsverzerrungen können dazu führen, dass Anleger zu selbstsicher sind und Beweise dafür ignorieren, dass ihre Strategien Geld verlieren. In Studien über Aktienmärkte erzielten Anleger mehr Gewinn, wenn sie sich dem Bestätigungsfehler widersetzten.

Was können Anleger gegen den Bestätigungsfehler unternehmen? Der Bestätigungsfehler begegnet uns bei der:

- Eigenen Voraannahme bzw. Grundeinstellung vor der Informationssuche
- Informationssuche
- Informationsauswahl
- Interpretation der Information

Investoren und Anleger haben vor der Informationssuche mehr oder weniger starke Vorannahmen bzw. Grundeinstellungen zu einem Investment. Es ist wichtig, sich intensiv mit den eigenen Vorannahmen auseinanderzusetzen und sie sich selbst bewusst zu machen. Über Reflexionsprozesse und kritische, offene Diskussionen z. B. mit einem Mentor oder Investor, der anderer Meinung ist, können die eigenen Grundannahmen und Vorurteile identifiziert werden. Nehmen Sie "aus Gründen der Argumentation" einen gegenteiligen Standpunkt ein. Vermeiden Sie eine verzerrte Informationssuche. Suchen Sie bewusst nach Informationen, welche die eigenen Vorannahmen potenziell widerlegen können. Suchen Sie bewusst nach Ausnahmen. Suchen sie gezielt nach anderen Darstellungen, besuchen Sie andere Webseiten als normal, suchen Sie nach neuen Gruppen, in denen Sie sich austauschen. Suchen Sie nach Fakten (nicht Meinungen!) und nehmen Sie sich die Zeit, diese zu überprüfen. Bei der Interpretation der Informationen führen Sie eine kritische Analyse der eigenen Schlussfolgerungen durch. Suchen Sie nach alternativen Erklärungen. Hinterfragen Sie Situationen (z.B. „Ist Kryptowährung X wirklich ein Projekt mit Zukunftsaussichten?“). Sie sollten ihre Vorannahmen regelmäßig bewusst hinterfragen und die Bereitschaft haben, Vorannahmen zu verwerfen und Ansichten, die Ihrer Meinung widersprechen zu akzeptieren. Sehen Sie die Dinge, wie sie wirklich sind und nicht so, wie Sie es gerne hätten. Auf diese Weise können die Chancen erhöht werden, dass Situationen möglichst objektiv eingeschätzt werden. In einem Gedanken-Experiment stellen Sie sich vor, dass ihre Investitionen zusammengebrochen sind und fragen sich, warum dies passieren könnte (siehe Kapitel 7: Prä-Mortem Methode). Um Gegenteilige Aussagen zu überprüfen, nutzen Sie die Hypothesentest-Methode (siehe Kapitel 7: Hypothesentest-Methode).

Muster-Illusion: Warum wir Dinge sehen, die gar nicht existieren

Wie viele andere Investoren, die in das Handeln einsteigen, stolperte auch ich zu Beginn über die Chartmuster und Chartformationen. Ich verschlang unzählige Bücher zur technischen Analyse und Chartmustern und war gefesselt von den unzähligen Möglichkeiten, die es gab. Gaps, Spikes, Trendlinien, Trendkanäle, Doppelhoch, Doppeltief, Dreifachhoch, Dreifachtief, Tasse und verkehrte Tasse, Schulter-Kopf-Schulter, verkehrte Schulter-Kopf-Schulter, steigende/sinkende/symmetrische Dreiecke oder Keile, Flaggen und Wimpel, Candlestick Patterns usw. Ich war mir sicher, den heiligen Gral darin zu finden und programmierte unzählige automatisierte Handelssysteme für den Währungsmarkt, die auf Chartmuster und Indikatoren basierten. Ich testete unzählige Systeme mit unterschiedlichsten Parametern, führte Back- und Forward-Tests durch und protokollierte die langfristige Performance. Was ich nach drei Jahren harter Arbeit daraus lernte? Die Performance von Trading-Systemen anhand von Chartmustern und (vor allem auf Preis basierenden) technischen Indikatoren ist nicht besser als ein Münzwurf. Ein Grund dafür ist in der Muster-Illusion zu finden.

Die Muster-Illusion (englisch *Clustering Illusion*) besteht darin, dass wir Menschen darauf programmiert sind, Muster zu erkennen. In ausreichend großen (zufälligen) Datenmengen kommen zwangsläufig zufällige Muster zustande. Wir haben die Tendenz, Muster zu erkennen, wo gar keine sind und schreiben ihnen eine Bedeutung zu. Wir neigen auch dazu, Ereignisse mit Zufalls-Charakter nicht als solche zu erkennen.

Betrachten Sie folgende drei Folgen eines Münzwurfs. K steht für die „Kopfseite“ und Z für die „Zahlseite“ einer Münze.

1. *KKKZZZ*
2. *ZZZZZZ*
3. *ZKZKZZ*

Sind alle drei Folgen gleich wahrscheinlich? Schreiben Sie ihre Antwort auf!

Sie können sich selbst von zufällig entstehenden (aber nicht zufällig aussehenden) Buchstabenfolgen überzeugen, wenn sie einfach eine Münze zur Hand nehmen, sie einige Male werfen und die Ergebnisse niederschreiben. Bei meinem Versuch ist folgende Buchstabenfolge entstanden:

KKKZZKKZZZZZKZKZZKKKZKZKKKZZZKKZZZZZZZ ZZZKZKZZ.

Bemerkenswert sind die vielen aufeinanderfolgenden Z am Ende der Buchstabenfolge. Es macht den Anschein, als ob dies nicht zufällig entstanden sei. Die drei Folgen aus dem obigen Beispiel sind auch aus dieser Reihe entnommen. Hier zur Veranschaulichung in Klammern gesetzt:

KKKZZKKZZZZ(ZKZKZZ)KKKZKZK(KKKZZZ)KKZZZZ(Z ZZZZZ)KZKZZ

Sie sehen also, dass die Buchstabenreihen aus dem Beispiel rein zufällig entstanden sind, obwohl sie nicht zufällig aussehen.

Probieren Sie es selbst aus und bekommen Sie ein Gefühl dafür, wie der Zufall aussehen kann. Nehmen Sie eine Münze und werfen Sie sie einige Male und schreiben Sie die Buchstabenfolge auf!

Die Muster Illusion trat auch bei Einschlagstellen von Fliegerbomben in London während dem 2. Weltkrieg auf.

Man dachte, dass die Abwurfstellen geplant waren und es ein Muster gab. Berechnungen jedoch zeigten, dass sie einfach zufällig verteilt waren. Eine typische Muster-Illusion ist auch, wenn Menschen in den Wolken am Himmel Gesichter oder Figuren erkennen. Erinnern sie sich an das „Marsgesicht" oder an göttliche Gestalten auf verbranntem Toast? Alles Illusionen. Die Muster-Illusion tritt auch auf, wenn wir uns Aktien- oder Kryprowährungskurse ansehen. Überall finden wir irgendwelche Muster in den Charts und schreiben diesen Mustern eine Bedeutung zu. Vor allem bei der technischen Analyse spielt die Muster-Illusion eine große Rolle und kann uns in die Irre führen. Zusätzlich kommt noch dazu, dass unterschiedliche Menschen unterschiedliche Muster in denselben Charts sehen und ihnen unterschiedliche Bedeutungen zuschreiben. Die Muster-Illusion entsteht unter anderem aufgrund der menschlichen Repräsentativitätsheuristik (siehe Kapitel 6) und dem Bestätigungsfehler.

Überzeugen Sie sich selbst, wie unterschiedliche Investoren Muster in Preischarts entdecken und sie interpretieren. Besuchen Sie die Seite Tradingview.com und sehen Sie sich die Rubrik „Ideen" an. Welches Fazit ziehen sie daraus? Schreiben Sie ihre Antwort auf!

Der Sunk-Cost-Effekt: Warum wir an Investitionen festhalten, obwohl es keinen Sinn mehr macht

Ich investierte damals nicht nur in Bitcoin, sondern auch in eine Reihe Altcoins. Um genau zu sein, waren es über 60 verschiedene. Der Altcoin-Markt war dank des massiven Anstiegs des Bitcoins am Boomen. Gefühlt kamen jeden Tag neue Altcoins auf den Markt, die einem suggerierten, die ideale Kryptowährung für dieses oder jenes Problem zu sein. Als nach dem Hype Bitcoin und auch Altcoins massiv einbrachen, investierte ich nochmals Geld in ein paar meiner geliebten

Altcoin-Projekte. „Billig nachkaufen“ hieß das Credo und wird von vielen Medien, Youtubern und von den Projekten selbst propagiert. Der Großteil der Projekte ist heute nichts mehr Wert. Erst später realisierte ich, dass ich dem Sunk-Cost-Effekt unterlag.

Der Sunk-Cost-Effekt (auf Deutsch etwa Versunkene-Kosten-Fehler) ist die Tendenz, länger an einem Vorhaben festzuhalten, wenn eine Investition in Form von Zeit, Aufwand oder Geld bereits getätigt wurde. Die Entscheidung, zusätzliche finanzielle Mittel in ein Verlustgeschäft zu investieren, wenn bessere Anlagemöglichkeiten zur Verfügung stehen, wird als „Fehlschluss aus versunkenden, irreversiblen Kosten“ (englisch *Sunk Cost Fallacy*) genannt. Versunkene Kosten sind Kosten, die bereits entstanden sind und nicht mehr (zum Beispiel durch Verkauf) rückgängig gemacht werden können. Da Menschen nicht immer der Rationalität folgen, werden irreversible Kosten oft auch im Nachhinein beachtet. Aus rationaler Sicht ist dies ungerechtfertigt und verfälscht dadurch den wirtschaftlich optimalen Entscheidungsprozess. Ein rational denkender Mensch erkennt den Sunk-Cost Effekt und handelt demnach entsprechend.

Der Sunk-Cost-Effekt ist ein kostspieliger Fehler, der dafür sorgt, dass Menschen zu lange an ungeliebten Arbeitsplätzen ausharren, in unglücklichen Beziehungen oder Ehen bleiben oder an aussichtslosen Projekten festhalten. Der Effekt tritt beispielsweise bei der Markteinführung von Produkten auf. Produkteinführungen haben oft hohe Kosten. Sollte das Produkt nicht gekauft werden, dann sollte man die bereits entstandenen Kosten für die Produkteinführung für die weitere Entscheidung, das Produkt am Markt zu lassen oder vom Markt zu nehmen, nicht mit einbeziehen. Lediglich die zukünftigen Chancen des Produktes am Markt zählen. Häufig treten Sunk-Costs auch auf, wenn bei einer Planung von Projekten die realen Kosten die Planung übersteigen. Deshalb sollten zukünftige Entscheidungen nicht von diesen ursprünglichen (verlorenen Kosten) beeinflusst werden. Anleger orientieren sich bei Verkaufsentscheidungen häufig an dem Kurs, den sie bei der Anschaffung gezahlt haben. Der Kurs, bei dem man in der Vergangenheit eingestiegen ist, ist jedoch irrelevant für die Beurteilung der zukünftigen Entwicklung einer Investition. Sie kennen vielleicht das Sprichwort: „Man darf gutes Geld nicht schlechtem hinterherwerfen". Diese Regel basiert auf dem Sunk-Cost-Effekt und bringt damit zum Ausdruck, dass man kein Geld nachschießen sollte, nur weil man schon Geld investiert hat. Wir lassen uns jedoch davon beeinflussen, weil wir schon so viel investiert haben.

Der Besitztumseffekt: Warum etwas teurer wird, wenn wir es besitzen

Ein weiteres Phänomen, das ich bei mir und auch bei anderen Krypto-Investoren beobachten konnte ist, dass wir uns nur sehr schwer von unseren geliebten Kryptowährungen trennen konnten, obwohl sie schon massiv im Wert gefallen waren und die Zukunftsaussichten längst nicht mehr so rosig aussahen. Wir unterlagen dem Besitztumseffekt.

Der Besitztumseffekt (englisch *Endowment Effect*) wurde erstmals von Richard Thaler, ein Ökonom an der Universität Chicago, um 1980 erwähnt. Er machte schon Anfang der 70er Jahre Studien zu irrationalem Verhalten von Menschen. Studien haben ergeben, dass sich für Menschen der Wert eines Gutes steigert, wenn sie es besitzen. Das bedeutet, dass die Bereitschaft eines Menschen zum Kauf und Verkauf für ein und dasselbe Gut abweicht und spiegelt somit ein nicht-rationales Verhalten wider. Dies wird als Besitztums Effekt bezeichnet. Bei einem Experiment von Kahneman, Knetsch und Thaler Anfang der 1990er Jahre mit Kaffeetassen, erhielt die eine Hälfte der Versuchsteilnehmer jeweils eine Tasse geschenkt und wurde gefragt, zu welchem Preis sie verkaufen würden. Die andere Hälfte wurde gefragt, zu welchem Preis sie die Tassen kaufen würden. Der Preis der "Verkaufsgruppe" lag im Mittel bei 7,12 USD, während der Preis der "Kaufgruppe" bei 2,87 USD lag.

Die Erklärung des Besitztums Effekts liegt in der neuen Erwartungstheorie (wir kommen in einem späteren Kapitel noch auf die neue Erwartungstheorie zu sprechen): Wenn wir etwas besitzen (das uns in irgendeiner Weise einen Wert liefert), dann haben wir ein gewisses „Unlust-Gefühl", das mit dem Weggeben dieses Gutes verbunden ist. Wenn wir etwas nicht besitzen, dann haben wir ein „Lust-Gefühl", das mit dem Erwerb des Gutes verbunden ist. Wegen der Verlustaversion (siehe Kapitel 4) sind diese beiden Gefühle unterschiedlich gewichtet. Das Weggeben erzeugt mehr (im Schnitt ca. doppelt so viel) Unlust, als der Erwerb Lust erzeugt. Die Emotion auf einen Verlust ist stärker als die Emotion auf einen Gewinn. Menschen, die rational handeln, haben keinen Besitztumseffekt, weil die Asymmetrie zwischen dem guten Gefühl etwas zu bekommen und dem schlechten Gefühl etwas wegzugeben irrelevant ist. Der Effekt tritt nachvollziehbarerweise nicht bei routinemäßigen Handelsgeschäften, wie zum Beispiel beim Tausch einer fünf USD Note in fünf Ein-Dollar Noten auf. Auch wenn Sie etwas einkaufen, spielt die Verlustaversion keine Rolle. Sie haben nicht das Gefühl eines Verlustes, wenn Sie Geld gegen eine Sache tauschen. Der Besitztums Effekt spielt also keine Rolle bei Gütern, die zum Tausch gedacht sind, er schlägt nur zu bei Gütern, die einen Gebrauchswert besitzen.

Auch bei Bitcoin und anderen Kryptowährungen kann der Besitztums Effekt auftreten. Wir sehen einen gewissen Wert in einer Kryptowährung und haben ein „Unlust-Gefühl", das mit dem Weggeben verbunden ist. Der Marktwert, der selbst gehaltenen Kryptowährungen für den Eigentümer liegt über dem Einkaufspreis. Bei einer Verkaufsentscheidung wird also immer dieser Einkaufspreis berücksichtigt. Der Besitztums Effekt kann nun dazu führen, dass der realisierbare Verkaufspreis als inakzeptabel niedrig eingeschätzt wird und es dadurch nicht zum Verkauf kommt. Der Preis einer Kryptowährung richtet sich nach den Erwartungen der Marktteilnehmer hinsichtlich der zukünftigen Entwicklung des Preises. Es kann nun passieren, dass wir bei der Beurteilung des Preises von Kryptowährungen nicht rational bewerten, sondern anderen Motiven folgen. Das geschieht vor allem, wenn sich die betroffene Kryptowährung im eigenen Besitz befindet. Derjenige, der die Kryptowährung selbst besitzt, wird demnach die Kryptowährungen überbewerten. Der Besitztums Effekt tritt vor allem bei unerfahrenen Händlern auf. Die sogenannten „Hodler" haben einen starken Besitztumseffekt. Sie halten an der gekauften Kryptowährung fest, weil sie der Meinung sind, dass diese im Wert steigen wird und wollen daher nicht zu günstig verkaufen. Die Frage, die man sich stellen muss, ist: Wie lange wollen Sie die Kryptowährung halten? Erfahrene Händler unterliegen einem geringeren Einfluss. Die erfahrenen Händler fragen sich, wie sehr wollen sie dieses Gut besitzen im Vergleich zu anderen Dingen, die sie stattdessen haben könnten.

Optimismus-Verzerrung: Warum uns unser Optimismus Geld kostet

Der Krypto-Hype 2017 war vor allem durch Retail Investoren getrieben. Ich kann mich noch genau erinnern, wie mich ein Freund anrief und fragte, was Bitcoin ist und wie man ihn kaufen kann. Es gab zu diesem Zeitpunkt viele Menschen, die in Bitcoin und andere Kryptowährungen investierten, obwohl sie bis dato noch nicht in Kontakt damit gekommen waren, geschweige denn wussten, was sie sind oder wie sie funktionieren. Sie alle waren getrieben von der positiven Stimmung am Markt und den möglichen Gewinnaussichten. Viele unterlagen jedoch der Optimismus-Verzerrung.

Die Optimismus-Verzerrung (englisch *Optimism Bias* oder *Optimistic Bias*) ist eine kognitive Verzerrung, die Menschen glauben lässt, dass sie selbst mit höherer Wahrscheinlichkeit ein positives Ereignis erleben. Es ist auch als unrealistischer Optimismus (englisch *Unrealistic Optimism*) oder vergleichender Optimismus (englisch *Comparative Optimism*) bekannt.

Optimismus ist weit verbreitet und geht über Geschlecht, ethnische Zugehörigkeit, Nationalität und Alter hinaus. Die Optimismus-Verzerrung wurde sogar bei Tieren wie Ratten und Vögeln beobachtet. Sie funktioniert bei den meisten Menschen intuitiv und unterbewusst, sodass sie selbst nichts davon merken, außer sie sind bekennende Optimisten.

Es gibt vier Faktoren, die dazu führen, dass eine Person optimistisch voreingenommen ist: ihren gewünschten Endzustand, ihre kognitiven Mechanismen, die Informationen, die sie über sich selbst im Vergleich zu anderen hat und die allgemeine Stimmung. Die optimistische Tendenz zeigt sich in einer Reihe von Situationen. Zum Beispiel:

- Menschen, die ihre eigene Zukunft optimistischer beurteilen als sie tatsächlich ist
- Personen, die die eigene Scheidung des Partners oder das berufliche Scheitern als geringer einschätzen
- Menschen, die glauben, dass sie gesünder und länger leben als sie es tatsächlich tun
- Menschen, die glauben, dass sie weniger gefährdet sind, Opfer von Straftaten zu werden
- Raucher, die glauben, dass sie weniger wahrscheinlich an Lungenkrebs oder Krankheiten erkranken als andere Raucher
- erstmalige Bungee-Springer, die glauben, dass sie weniger gefährdet sind für eine Verletzung als andere Springer

- Händler, die glauben, weniger potenziellen Verlusten auf den Märkten ausgesetzt zu sein oder
- Investoren, die zu hohe Risiken auf den Märkten eingehen (z.B. einzelne riskante Aktien anstatt eines Index kaufen)

Obwohl die Tendenz zum Optimismus sowohl bei positiven Ereignissen (z. B. wenn man glaubt, finanziell erfolgreicher zu sein als andere) als auch bei negativen Ereignissen (z. B. wenn man weniger wahrscheinlich ein Alkoholproblem hat) auftritt, gibt es mehr Untersuchungen und Hinweise darauf, dass die Tendenz für negative Ereignisse stärker ist (Valenzeffekt).

Aus diesen beiden Arten von Ereignissen ergeben sich unterschiedliche Konsequenzen: Positive Ereignisse führen häufig zu Wohlbefinden und Selbstwertgefühl, während negative Ereignisse zu Konsequenzen führen, die mit einem höheren Risiko verbunden sind, z. B. riskantes Verhalten und das Ergreifen nicht vorsorglicher Sicherheitsmaßnahmen.

Der Valenzeffekt wird seit 2003 von Ron S. Gold und seinem Team untersucht. Sie formulieren Fragen für dasselbe Ereignis auf unterschiedliche Weise: Einige Teilnehmer erhielten Informationen über die Bedingungen, die ein bestimmtes gesundheitsbezogenes Ereignis fördern, wie z. B. die Entwicklung einer Herzerkrankung, und wurden gebeten, die vergleichende Wahrscheinlichkeit zu bewerten, mit der sie das Ereignis erleben würden. Andere Teilnehmer erhielten übereinstimmende Informationen zu den Bedingungen, die dasselbe Ereignis verhindern und wurden gebeten, die vergleichende Wahrscheinlichkeit zu bewerten, mit der sie das Ereignis vermeiden würden. Sie haben festgestellt, dass unrealistischer Optimismus für negative Wertigkeit größer war als für positive. Valenzeffekte, die auch als eine Form der kognitiven Verzerrung angesehen werden, haben mehrere reale Auswirkungen. Dies kann beispielsweise dazu führen, dass Investoren die zukünftigen Gewinne eines

Unternehmens überschätzen und dies könnte dazu beitragen, dass das Unternehmen tendenziell überteuert wird. In Bezug auf das Erreichen organisatorischer Ziele könnte dies die Menschen dazu ermutigen, unrealistische Zeitpläne zu erstellen, die dazu beitragen, einen sogenannten Planungsfehler (auch Planungsfehlschluss, siehe nächstes Kapitel) zu verursachen, der häufig zu schlechten Entscheidungen und zum Abbruch von Projekten führt.

Die Optimismus-Verzerrung ist die Grundlage für Selbstüberschätzung (siehe Kapitel 3) und dies wiederum die Grundlage für Ignoranz gegenüber Risiken. Dadurch steigt die Wahrscheinlichkeit für das Scheitern eines Projekts, eines Unternehmens oder einer Investition.

Untersuchungen haben gezeigt, dass es sehr schwierig ist, die Optimismus-Verzerrung zu beseitigen. Eine Möglichkeit ist sich zu überlegen, wie der Durchschnitt der anderen Menschen in einer Situation abschneidet. Idealerweise gibt es statistische Daten, auf die man sich stützen kann (siehe Kapitel 6, Basisratenfehler). Wenn man sehr weit vom Mittelwert entfernt ist, braucht es entweder gute Gründe für die Abweichung oder man ist einfach zu optimistisch.

Eine andere Möglichkeit ist die Wahrscheinlichkeit des Eintretens eines Ereignisses von einem selbst mit der Wahrscheinlichkeit von Familienmitgliedern oder engen Freunden zu vergleichen. Darüber hinaus führt das tatsächliche Erleben eines Ereignisses zu einer Verringerung der optimistischen Tendenz. Während dies nur für Ereignisse mit vorheriger Erfahrung gilt, führt die Kenntnis des bisher Unbekannten dazu, dass weniger Optimismus auftritt.

Der Planungsfehlschluss: Wir brauchen immer länger als wir glauben

Als wir 2017 die Altcoin-Mininganlage aufbauten, kam es zu Verzögerungen bei der Inbetriebnahme. Gründe dafür waren unter anderem zu optimistische Schätzungen beim Aufbau der Mining-Rigs, andere Umgebungsbedingungen und unerwartete Ereignisse (wie z.B. Regen). Ein Rig bestand aus sechs Grafikkarten, einem Mainboard mit CPU und RAM, einem Netzteil und haufenweise Kabeln. Davon mussten wir über 170 Stück zusammenbauen. Für die Abschätzung der gesamten Dauer stoppten wir den Aufbau eines Rigs in unserem Office und rechneten die Zeit plus einen Zuschlag für die 170 Rigs hoch. Wir dachten aber nicht an die möglichen widrigen Umstände, die uns beim echten Aufbau widerfahren werden. Die Rigs wurden in zwei auf Stützen stehende zwanzig Fuß Seecontainer, die an ein Wasserkraftwerk angeschlossen waren und vor dem Kraftwerk auf einem Parkplatz standen, aufgebaut. Einen Faktor, den wir bei der Planung nicht bedacht hatten, war das Auf- und Absteigen in die Container. Das kling erst mal banal, aber wenn man unzählige Male täglich über eine kurze Leiter in und aus den Containern steigen muss, kostet das Zeit. Ein anderer Faktor war, dass die Platzverhältnisse im Container sehr eng waren und dies beim Aufbau zusätzlich Zeit kostete. Ein weiterer Grund war das Wetter. Glücklicherweise hatten wir oft schönes Wetter, was für die Stimmung beim Aufbau zuträglich war. Dennoch hatten wir auch Regen und das führte zu Verzögerungen. Alles in allem hatten wir eine gute Zeitplanung und dennoch brauchten wir länger.

Der Planungsfehlschluss (englisch *Planning Fallacy*) ist die Tendenz von Menschen und Firmen die Zeit zu unterschätzen, die sie für eine Vollendung einer Aufgabe bzw. eines Projektes benötigen. Das prominenteste Beispiel eines Planungsfehlschlusses ist der Bau des Flughafens Berlin-Brandenburg (BER). Die erste Planung erfolgte im Jahr 1995.

Die kalkulierten Kosten für die erste Ausbaustufe betrug damals über 1,1 Millionen D-Mark. Inflationsbereinigt wären das ca. 800 Millionen Euro. Der Baubeginn war im September 2006 und die erste Inbetriebnahme war für November 2011 geplant. Dieser Termin und viele weitere Eröffnungstermine wurden nicht eingehalten. Ursache der vielen Verzögerungen waren schlechte Bauplanung, die dazu führte, dass die zuständigen Aufsichtsbehörden den Bau nicht freigaben, mangelnde Bauaufsicht, Fehlplanungen und explodierende Kosten. Nachdem alle Mängel behoben wurden, wurde der Flughafen Ende April 2020 nun endlich in Betrieb genommen. Die geschätzten Gesamtkosten betrugen schließlich 7,3 Milliarden Euro.

Der englische Begriff für den Planungsfehlschluss wurde von Daniel Kahneman und Amos Tversky 1979 vorgeschlagen. Das interessante an diesem Effekt ist, dass er nur eigene Vorhersagen über die Dauer eines Vorhabens betrifft. Wenn außenstehende Dritte die Zeit für die Projektdauer schätzen, zeigen diese eine pessimistischere Tendenz und überschätzen die erforderliche Zeit bis zur Vollendung. Nach weiteren Forschungen schlugen Lovallo und Kahneman 2003 eine erweiterte Definition des Begriffs vor. Es zeigte sich, dass nicht nur Zeiten, sondern auch Kosten unterschätzt werden. Nach der neuen Definition führt der Planungsfehlschluss also nicht nur zur Überschreitung des geplanten Zeitraums sondern auch zu einer Kostenexplosion und einem geringeren Nutzen als vorher geplant.

Auch beim Investieren wird Ihnen der Planungsfehlschluss womöglich unterkommen. Falls Sie beispielsweise in Krypto Projekte investieren, berechnen Sie mit ein, dass es zu einem Planungsfehlschluss kommen wird und dass Zeitpläne und Kosten für ein Projekt oder eine Produktentwicklung nicht wie ursprünglich geplant eingehalten werden. Wenn Sie Ihr eigenes Trading oder Investitionssystem entwickeln, werden Sie wahrscheinlich die Zeit, die Sie benötigen, um ein profitables System zu entwickeln, unterschätzen.

Daniel Kahneman, Amos Tversky und Bent Flyvbjerg entwickelten das sogenannte „Reference Class Forecasting“, um die Effekte der Optimismus Verzerrung (und damit des Planungsfehlschlusses) beim Treffen von Entscheidungen zu eliminieren oder zumindest zu reduzieren. Dabei wird die Vorhersage anhand von den Ergebnissen ähnlicher Situationen in der Vergangenheit erstellt. Deshalb ist es wichtig, Projekte ausreichend zu dokumentieren, um später darauf zurückgreifen zu können. Versetzen Sie sich in die Lage eines Dritten und nutzen Sie die Außensicht. Eine Außenperspektive verschiebt den Fokus von den spezifischen Besonderheiten der gegenwärtigen Situation auf die statistischen Kenndaten der Ergebnisse in ähnlichen Situationen und hilft, den Planungsfehler zu verringern. Seien Sie bei der Planung eher pessimistisch. Nutzen sie den Ideomotorischen Effekt (siehe Priming Effekt, Kapitel 2), um ihre Stimmung und dadurch den Optimismus bei der Planung zu beeinflussen.

KAPITEL 2: Warum wir unserer Umgebung nicht trauen dürfen

In diesem Kapitel geht es um:

- Ankereffekt: Wie beliebige Zahlen unsere Investitionsentscheidungen beeinflussen
- Priming Effekt: Wie uns unsere Umgebung unbewusst beeinflusst
- Der Mere-Exposure-Effekt: Je mehr desto besser
- Framing Effekt: Warum wir uns umentscheiden, wenn das Gleiche anders dargestellt wird

Ankereffekt: Wie beliebige Zahlen unsere Investitionsentscheidungen beeinflussen

Beim Trading und beim Investieren in Kryptowährungen sind wir andauernd umgeben von News, Medienberichten, Youtube Videos, Twitter Nachrichten, Telegram Chats und vielem mehr. Auf all diesen Kanälen kommen wir in Kontakt mit unterschiedlichsten Zahlen zu aktuellen Preisen, Unterstützungs- und Widerstandsniveaus, All-Time-High‘s und Low's, Kursaussichten und anderen Zahlen. Unterbewusst werden wir durch diese und andere Zahlen, die nichts mit Kryptowährungen zu tun haben, beeinflusst. Dies ist bekannt als Ankereffekt.

Der Ankereffekt (englisch *Anchoring Effect*), auch Ankerheuristik genannt, ist die Tatsache, dass Menschen bei ihren Zahlenschätzungen von vorhandenen Umgebungsinformationen (speziell von Zahlen) beeinflusst werden, ohne dass ihnen dieser Einfluss bewusst ist. Die Folge ist, dass das Ergebnis in Richtung des Ankers verschoben wird. Wenn wir eine unbekannte Größe schätzen sollen, dann suchen wir nach einem bestimmten Wert für diese unbekannte Größe. Wir orientieren uns dabei an Zahlen, die schnell in unserer Erinnerung abgerufen werden können oder an Zahlen, die wir unmittelbar zuvor gesehen oder gehört haben. Unsere Schätzwerte bleiben daher in der Nähe dieser Zahl. Das bedeutet, dass jede Zahl, die als Lösung für ein Schätzungsproblem präsentiert wird, einen Ankereffekt erzeugt. Experimente zum Ankereffekt ergaben, dass Urteile, die sich Menschen bilden, von Zahlen beeinflusst werden, die offensichtlich keine Relevanz zur gestellten Frage haben. Der Ankereffekt ist so robust, weil ein unterbewusstes „Priming“ abläuft und wir gar nicht merken, dass wir durch die Zahl beeinflusst worden sind. Ankereffekte sind so stark, dass auch Experten, die von dem Effekt wissen, ihm unterliegen. Eine Möglichkeit den Ankereffekt abzuschwächen ist, sich den Effekt bewusst zu machen und sich zu fragen, welche

Antwort man ohne den Anker gegeben hätte. Idealerweise verlässt man sich auf datenbasierte Entscheidungen. Bei Preisverhandlungen hilft es, sich auch in die Lage des Gegenübers zu versetzen und zu überlegen, welchen Anker er setzen würde.

Ein Beispiel zum Ankereffekt:
War Mahatma Gandhi älter oder jünger als 144 Jahre als er starb? Wie alt war Mahatma Gandhi als er starb? Schreiben Sie das Alter auf, in dem Gandhi Ihrer Meinung nach starb.

Dieses Beispiel veranschaulicht die Absurdität, die Anker Effekte haben können. Ihnen war sicher bewusst, dass Mahatma Gandhi jünger als 144 Jahre war. Dennoch wurde ihre Schätzung seines Todesalters zum Anker hin (144 Jahre), unbewusst beeinflusst. Wenn ich die gleiche Frage ohne Anker gestellt hätte, wäre ihre Schätzung tendenziell ein jüngeres Alter gewesen. Dieses Experiment wurde in unzähligen Tests bestätigt. Weitere Beispiele für Ankereffekte sind:

- Spendenorganisationen nutzen oft einen Betrag als Anker. Z.B. „Schon 30 Euro helfen“
- Beim Einkauf: „Jetzt bis 50% reduziert“ wird suggeriert, dass man um die Hälfte günstiger als normal einkauft
- Geschwindigkeitsbegrenzungen auf Autobahnen
- Höhe des Trinkgeldes. Z.B. in der USA 10 bis 20 Prozent
- Bei Gehaltsverhandlungen
- Beim Budgetieren
- Bei Kauf- und Verkaufsgesprächen: Je nachdem auf welcher Seite Sie stehen, wird der Ankereffekt entweder auf Sie wirken oder Sie wirken mit dem Ankereffekt auf jemand anderes ein. Bei Preisverhandlungen kann man den Vorteil des

Ankers für sich nutzen, indem man zuerst einen Preis nennt.

Vor allem bei Geldfragen hat der Anker Effekt eine starke Auswirkung wie beispielsweise bei Beträgen, die wir spenden, bei Kaufkosten des Eigenheims, bei Gehalts-verhandlungen oder Kursen von Aktien oder Krypto-währungen. Bei Bitcoin gibt es einige Zahlen, die generell gerne in den News und Medien öfter vorkommen und sich damit in unseren Gehirnen „verankern“. Dazu zählen

- 20.000 US-Dollar, weil dies fast das All-Time High des Bitcoins darstellt
- 10.000 US-Dollar, weil Bitcoin diesen Wert schon öfter erreicht hat und Medien gerne diesen Zahlenwert verwenden, wenn der Kurs in die Nähe kommt
- 100.000 weil einige Bitcoin-Fans den Preis langfristig dort sehen
- 1.000.000 weil manche Bitcoin Enthusiasten den Preis dort sehen
- 3000 US-Dollar, war das letzte Tief nach dem Hype im Jahr 2018
- 7000 US-Dollar, weil viele Menschen glauben, dass der Kurs derzeit nicht mehr unter diese Marke fallen wird
- Usw.

Bei Investmententscheidungen unterliegen wir also genau diesen Ankern und unsere Schätzungen werden von ihnen unterbewusst beeinflusst. Denken Sie zum Beispiel bei Schätzungen zum Kursziel immer daran, dass Sie beispielsweise von Medien, Freunden oder Experten durch den Ankereffekt beeinflusst worden sind. Personen, die den Ankereffekt nicht kennen, werden tendenziell ihre Positionen an diesen Ankern (oder in der Nähe davon) platzieren.

Beispielsweise kaufen sie bei 7000 USD ein, setzten den Stop Loss bei 6000 USD und ihren Take Profit bei 10.000 USD. Dies können wir nutzen, um herauszufinden, wo sich Liquidität im Markt befindet. Aus dem obigen Beispiel wissen wir, dass sich rund um 6000 USD und 10.000 USD Verkauf-Liquidität konzentriert. Durch den Ankereffekt ist bei sehr markanten Ankern (z.B. 10.000 USD, 20.000 USD, …) eine höhere Liquidität im Markt zu erwarten. Bei Ankern, die momentan nicht so markant sind, sammelt sich auch Liquidität, aber weniger als bei den markanten Ankern. Beachten Sie, dass sich diese Anker im Laufe der Zeit im Wert und in der Signifikanz ändern können. So kann es sein, dass beispielsweise die 7000 USD zu einem markanten Anker wird, weil der Kurs dort charttechnisch eine Unterstützungs- oder Widerstands-Zone ausbildet.

Gandhi war übrigens 79 Jahre alt, als er gestorben ist.

Priming Effekt: Wie uns unsere Umgebung unbewusst beeinflusst

Wir lassen uns bei unseren Entscheidungen nicht nur von Zahlen beeinflussen, sondern auch durch Wörter, Bilder, Gerüche oder Gesten. Medien und vor allem Werbetreibende wissen von diesen Effekten und nutzen sie, um uns zu „manipulieren".

Der Priming Effekt ist die Tendenz, dass ein Reiz, wie z.B. Ein Wort, ein Bild, ein Geruch, eine Geste oder Ähnliches, Gedächtnisinhalte unbewusst aktiviert und somit unsere Entscheidungen beeinflusst. Unsere Handlungen und Emotionen werden durch Ereignisse „geprimed", denen wir uns nicht einmal bewusst sind. Täglich werden wir unzählige Male geprimed und wir selbst primen auch andere, ohne dass wir es bewusst merken.
Ein Beispiel dafür, wie wir uns durch Priming beeinflussen

lassen, können Sie anhand des folgenden Experiments selbst ausprobieren.

Stellen Sie einem Freund, Arbeitskollegen oder Familienmitglied folgende Fragen und beobachten Sie, welche Antwort Sie bekommen. Dabei soll der Befragte die Antwort schnell und ohne nachdenken geben.
„Welche Farbe hat der Schnee?"
„Welche Farbe hat die Wand?"
„Welche Farbe haben die Wolken?"
„Was trinkt die Kuh?"

Typischerweise sind die Antworten: weiß, weiß, weiß und Milch. Eine (erwachsene) Kuh trinkt jedoch Wasser. Das ist ein schönes Beispiel, wie wir uns durch Priming unbewusst beeinflussen lassen. Ein anderes bekanntes Experiment zum Priming-Effekt ist jenes von Fritz Strack. In diesem Experiment legten sie einer Gruppe von Versuchspersonen einen Fragebogen mit folgenden Fragen vor: „Wie glücklich sind Sie zurzeit?" und „Wie viele Verabredungen hatten Sie im vergangenen Monat?" Zwischen den Antworten auf diese Fragen gab es keinen statistisch signifikanten Zusammenhang. Einer zweiten Testgruppe legten sie denselben Fragebogen vor, jedoch mit einer vertauschten Reihenfolge der Fragen: „Wie viele Verabredungen hatten Sie im vergangenen Monat?" und „Wie glücklich sind Sie zurzeit?" Interessanterweise gab es jetzt einen hohen Zusammenhang, da die Befragten geprimed worden sind und ihren Glückszustand von den Verabredungen ableiteten.

In Priming-Experimenten zum Thema Geld hat man herausgefunden, dass Menschen, die auf „Geld" geprimed wurden, länger an schwierigen Aufgaben arbeiten, bevor sie um Hilfe bitten, weniger hilfsbereit und lieber allein sind. Andere Tests haben ergeben, dass Versuchspersonen, die auf das Thema „Altern" geprimed wurden, langsamer gehen. Umgekehrt wurde eine Testgruppe aufgefordert, sich wie ältere Menschen langsam zu bewegen. Es stellte sich heraus, dass es ihnen im Gegensatz zur Kontrollgruppe deutlich leichter fiel, sich für das Alter spezifische Wörter zu merken. Dieser Sachverhalt wurde unter dem Begriff „Florida-Effekt" bekannt. In einem weiteren Experiment wurde eine Gruppe durch die Wörter „gewinnen", „erfolgreich sein" und „Wettkampf" auf „Erfolg" geprimed. Der Kontrollgruppe wurden Wörter wie „Schildkröte", „grün" und „Lampe" vorgelegt. Es zeigte sich, dass die Gruppe, die auf Erfolg geprimed wurde, erheblich bessere Ergebnisse bei Aufgaben erzielte. Sie können Ihren Erfolg also beim Traden und Investieren zum Teil selbst steuern, indem Sie sich selbst auf „Erfolg" primen. Wenn Sie sich selbst einreden, dass Sie ein schlechter Trader oder Investor sind, oder immer nur Pech haben, dann primen Sie sich selbst auf Misserfolg. Deshalb fokussieren Sie sich auf Ihre Ziele und Lösungen anstatt auf Hindernisse und Probleme.

Ein besonderes Priming Phänomen ist der ideomotorische Effekt (auch Carpenter-Effekt). Der ideomotorische Effekt beeinflusst eine Handlung durch eine Vorstellung. Das bedeutet, dass das Sehen oder Denken einer bestimmten Bewegung die Tendenz zur Ausführung eben dieser Bewegung auslöst. Ein anschauliches Beispiel ist ein Pendel in der Hand, das auf magische Weise von einer kreisenden Bewegung auf eine geradlinige Bewegung übergeht.

Mit folgender Übung können Sie sich selbst primen:
Halten Sie einen Bleistift horizontal im Mund zwischen den Zähnen, sodass die Spitze zum einen Ohr und das Ende zum anderen Ohr zeigt. Sie werden dadurch zum Lächeln gezwungen und werden fröhlicher bzw. finden Dinge lustiger. Wenn Sie hingegen den Mund zu einem „O" formen und den Bleistift so in den Mund nehmen, sodass das Ende in ihrem Mund ist und die Spitze von Ihrem Gesicht weg zeigt, zwingt Sie das zum Stirnrunzeln und Sie werden ernster. Probieren Sie es aus!

Sie können sich den ideomotorischen Effekt beim Trading und Investieren zu Nutze machen. Wie wir später noch sehen werden, hängt die Qualität einer Entscheidung von unserer Stimmung ab. Mit dem Bleistift können wir uns selbst in eine andere Stimmungslage primen und so Einfluss auf die Entscheidung ausüben. Beispielsweise unterliegen wir der Selbstüberschätzung und der Optimismus-Verzerrung, welche zu Fehlentscheidungen führen können. Mit dem ideomotorischen Effekt können wir übermäßig positiver Stimmung entgegenwirken, indem wir den Mund zu einem „O" formen, das Bleistiftende in den Mund nehmen und wir dadurch ernster werden.

Der Mere-Exposure-Effekt: Je mehr desto besser

Der Mere-Exposure-Effekt ist die Tatsache, dass Menschen zu Bildern, Videos oder Wörtern, die häufiger gezeigt werden, eine positivere Einstellung entwickeln. Dieser Effekt wurde von Robert Zajonc entdeckt. Zajonc, gebürtiger Pole, war ein US-amerikanischer Psychologe und trug wesentlich zur Entwicklung der Sozialpsychologie bei. In seinem Experiment[2] zeigte er Testpersonen abstrakte Formen und Wörter in schneller Abfolge. Die Testpersonen bewerteten die häufiger gesehenen Formen bzw. Wörter signifikant positiver als die weniger oft gezeigten.

Beispiele für den Effekt:

- Je mehr Kontakt Menschen haben, desto wahrscheinlicher werden sie Freunde
- Wenn Eier von Hühnern mit einem bestimmten Ton beschallt werden, führt dieser Ton später bei den geschlüpften Küken zu vermindertem Stress

---

[2] The Journal of Personality and Social Psychology, 1968

- Im Marketing führt dieser Effekt dazu, dass durch öfter gezeigte Werbung die Firma, Produkte oder Dienstleistungen positiver wahrgenommen werden

Wenn Beispielsweise viele (positive) Medienberichte über eine Kryptowährung gezeigt werden, dann werden wir durch den Mere-Exposure Effekt eine positivere Einstellung dazu aufbauen, als wir es tun würden, wenn es keine Medienberichte geben würde. Dadurch sind wir eher verleitet, diese Kryptowährung zu kaufen. Ein anderes Beispiel: Je mehr Medien oder Experten darüber schreiben, dass der Kurs beim nächsten Bitcoin Halving ansteigen wird, desto eher haben Investoren eine positivere Einstellung zu diesem Ereignis und investieren, was zu einem Kursanstieg führt.

Framing Effekt: Warum wir uns umentscheiden, wenn das Gleiche anders dargestellt wird

Der Framing Effekt, auch Framing (deutsch etwa: Einrahmungs-Effekt), ist die Tendenz, unterschiedliche Schlussfolgerung zu ziehen, wenn dieselbe Information anders dargestellt wird. Unterschiedliche Darstellungen derselben Information rufen oftmals unterschiedliche Emotionen hervor und haben Einfluss auf unsere Überzeugungen und Präferenzen.

Beispiel: Was klingt beruhigender?
A: Die Überlebenswahrscheinlichkeit liegt im ersten Monat bei 90 Prozent
B: Die Sterblichkeit liegt im ersten Monat bei 10 Prozent
Schreiben sie ihre Antwort auf!

Die beiden Aussagen sind gleichbedeutend. Die Aussage A ist dennoch beruhigender als die äquivalente Aussage B. Überleben ist gut, Sterben ist schlecht. Die Überlebensrate von 90 Prozent hört sich besser an, während eine Sterbensrate von 10 Prozent schrecklich klingt. Jedoch sehen wir Menschen meist nur eine Formulierung und nur das, was man gerade sieht, zählt (WYSIATI-Regel). Die Aussage A ist in einem „Gewinnrahmen“ (engl. *gain frame*) eingebettet, es werden also die positiven Folgen einer Sache dargestellt. Umgekehrt ist Aussage B in einem „Verlustrahmen“ (engl. *loss frame*) eingebettet, es werden die negativen Folgen einer Sache dargestellt. Üblicherweise werden bei Maßnahmen zur Gesundheitsvorsorge meistens auf die schädlichen Folgen hingewiesen, also in einem Verlustrahmen eingebettet. Bei Präventionsmaßnahmen jedoch haben Botschaften, die in einem Gewinnrahmen eingebettet sind, mehr Erfolg. Aktuelles Beispiel sind die Nachrichten um das Coronavirus. Es wird immer von den Personen gesprochen, die schon gestorben sind und nicht von denen, die nicht gestorben sind. Es macht auch einen Unterschied, ob über die Sterblichkeitsrate oder Überlebensrate geschrieben wird. Nachrichten und Informationen beeinflussen durch ihre Darstellung und Schreibweise, wie wir diese Information verarbeiten.

Betrachten Sie das Ergebnis der Fußball Weltmeisterschaft 2014: Deutschland hat gewonnen. Argentinien hat verloren. Beide Sätze beschreiben das gleiche Endergebnis. Wenn der eine Satz wahr ist, ist auch der andere wahr. Dennoch haben diese beiden Sätze in unserem Gedächtnis nicht die gleiche Bedeutung und lösen unterschiedliche Assoziationen aus. Der Satz „Deutschland hat gewonnen“ ruft Gedanken an die deutsche Mannschaft hervor und an das, was sie getan hat, um zu gewinnen (solange wir keinen Rückschaufehler begehen). Der Satz „Argentinien hat verloren“ ruft Gedanken an die argentinische Mannschaft hervor und an das, was sie getan hat, dass sie verlor. Diese Tatsache, dass logisch gleichwertige Aussagen verschiedene Reaktionen hervorrufen, macht es für uns Menschen schwer, immer rational zu sein.

Betrachten sie folgendes Gewinnspiel:
Würden Sie auf ein Gewinnspiel eingehen, das eine 10 prozentige Chance hat, 95 USD zu gewinnen und eine 90 prozentige Chance hat, 5 USD zu verlieren?
Schreiben Sie ihre Antwort auf!

Würden sie 5 USD bezahlen, um an einem Gewinnspiel teilzunehmen, das eine 10 prozentige Chance hat, 100 USD zu gewinnen und eine 90 prozentige Chance hat, nichts zu gewinnen?
Schreiben Sie ihre Antwort auf!

Sehen Sie sich die beiden Probleme nochmal genauer an und überzeugen Sie sich selbst, dass sie identisch sind. In beiden Problemen gibt es die unsichere Möglichkeit, 95 USD reicher zu sein oder relativ sicher um 5 USD ärmer. Menschen die rational entscheiden, würden beide Fragen gleich beantworten. In Wirklichkeit sind solche Menschen selten, denn Antwort zwei erhält mehr positive Antworten als Antwort eins. Der Unterschied ist, dass im ersten Beispiel die 5 USD als Verlust dargestellt ist. Im zweiten Beispiel sind die 5 USD als Kosten für ein Gewinnspiel dargestellt. Das bedeutet: Ein schlechtes Ergebnis ist viel akzeptabler, wenn es als Kosten eines Gewinnspiels dargestellt wird. Es ist weniger akzeptabel, wenn es als Verlieren einer Wette beschrieben wird. Diesen Umstand kennen wir aus der „Verlustaversion" (siehe später im Kapitel neue Erwartungstheorie). Verluste rufen stärkere Gefühle hervor als Kosten. Kosten sind keine Verluste. Dieser Effekt wird oft im Marketing angewendet. Verbraucher werden eher auf einen Abschlag verzichten, als einen Aufpreis bezahlen. Beides ist zwar ökonomisch äquivalent, aber emotional äquivalent ist es nicht.

Betrachten sie folgendes Beispiel zum Framing von Bitcoin:
1. Der Wert von Bitcoin ist innerhalb von nur zwei Wochen um 10 Prozent gefallen.
2. Bitcoin bewegt sich wieder auf seinen Vorjahresstand zu,

der um 10 Prozent niedriger lag als Bitcoin dieses Jahr hatte.
3. Der Wert von Bitcoin sinkt aktuell, bislang betragen die Verluste 10 Prozent.
4. Bitcoin hat trotz der schwierigen Marktbedingungen nur 10 Prozent Verluste hinnehmen müssen.

Der reine Zahlenwert ist immer der gleiche, der Kontext allerdings jedes Mal unterschiedlich. Bei 1. fokussieren wir uns auf einen zeitlich sehr kurzfristigen Absturz des Werts, bei 2. signalisieren wir, dass Bitcoin das Hoch dieses Jahres wohl nicht halten kann, bei 3. implizieren wir eine lang dauernde und anhaltende negative Wertentwicklung. Im Fall 4. nehmen wir die Verluste als sehr gering wahr, angesichts dessen, was im schlimmsten Fall passieren könnte. Bitcoin wird hier trotz der eingetretenen Verluste als „stark" wahrgenommen – selbst wenn das gar nicht stimmt.

Wenn wir vor einem Framing-Entscheidungsproblem stehen, müssen wir unser faules System II aktivieren und die Angabe umformulieren (Reframing). Reframing ist eine anstrengende Aufgabe und wenn es keinen besonderen Grund gibt, nehmen wir Probleme so hin, wie sie eingerahmt sind. Ein rationaler Investor mit einem wachsamen System II kann das lernen. Prinzipiell gilt, so wenig wie möglich Sprache verwenden und auf die Zahlenwerte fokussieren. Außerdem sollten die Informationen in einem Gewinnrahmen umformuliert werden. Wir werden Dinge positiver sehen, wenn wir das Ergebnis danach framen, wieviel Geld wir behalten haben anstatt wieviel wir verloren haben. Ein Beispiel: Ich schenke Ihnen 50 USD unter der Voraussetzung, dass Sie ein Glücksspiel spielen müssen. Wir gehen jetzt davon aus, dass Sie 30 USD verloren haben. Nun können Sie das Ergebnis auf zwei Arten framen: Sie können entweder sagen, dass Sie 30 USD verloren haben oder dass sie 20 USD geschenkt bekommen haben.
Eine weitere Art von Reframing ist die Änderung des

Referenzpunktes. Dazu folgendes Beispiel: Eine unserer Investmentpositionen läuft gut und wir sind weit im Gewinn. Automatisch setzt unser Gehirn nun einen neuen Referenzpunkt, von dem aus die Investition bewertet wird. Sollte der Kurs drehen und den Gewinn schmälern, so haben wir das Gefühl eines Verlustes. Solange die Position jedoch im Gewinn geschlossen wird, sollten wir keinen Verlust verspüren. Wir müssen in diesem Fall reframen, indem wir den Referenzpunkt zurück zum ursprünglichen Referenzpunkt beim Einstieg setzen.

KAPITEL 3: Warum wir Experten und Ratgebern nicht glauben sollten

In diesem Kapitel geht es um:

- Der Halo-Effekt: Der Schein trügt. Lassen Sie sich nicht blenden!
- Kompetenzillusion: Warum Experten keine besseren Vorhersagen machen
- Erkenntnisillusion: Warum Sie keine Erfolgsgeschichten lesen sollten
- Selbstüberschätzung: Warum Finanzvorstände den Kurs nicht vorhersagen können

Der Halo-Effekt: Der Schein trügt. Lassen Sie sich nicht blenden!

Viele Krypto-Investoren nutzen YouTube, um Informationen für ihre Investitionsentscheidungen zu erhalten. Sie folgen Personen, die regelmäßig Updates und Investment-Tipps zu Bitcoin und anderen Kryptowährungen als Video veröffentlichen. Auf die Frage, was diese Personen befähigt, qualitative und valide Aussagen über den Kursverlauf zu veröffentlichen, bekomme ich meist die gleiche Antwort: Die Anzahl der Follower. Die Anzahl der Follower hat aber keine Aussage über Qualität, sondern nur über den Unterhaltungswert. Würde dies der Fall sein, dann müssten Dokumentarserien viel höhere Einschaltquoten haben als Unterhaltungsserien. Überzeugen Sie sich selbst und besuchen sie eine Online Zeitung und sehen sie sich an, bei welchen Artikeln die meisten Kommentare stehen. Garantiert nicht bei „wichtigen" Themen, sondern bei den „unterhaltsamsten" bzw. „interessantesten". Vor allem Investoren die neu in der Krypto-Welt sind, unterliegen dem Halo-Effekt und der Kompetenzillusion (siehe nächstes Kapitel).

Der Halo-Effekt (vom englischen *Halo*, Heiligenschein) ist eine Verzerrung, bei der man von bekannten Eigenschaften einer Person auf unbekannte Eigenschaften schließt. Eigenschaften wie z. B. Attraktivität, Behinderung oder sozialer Status erzeugen einen positiven oder negativen Eindruck. Dieser Eindruck „überstrahlt" die Wahrnehmung der Person und der Gesamteindruck wird dadurch unverhältnismäßig beeinflusst. Beispielsweise werden wir einen attraktiven, sportlichen Fußballspieler als überdurchschnittlich gut einstufen und umgekehrt einen hässlichen Spieler unterschätzen (negativer Halo-Effekt). Der Halo-Effekt tritt auch auf, wenn sich eine Person durch hervorstechende, ausgeprägte Eigenschaften oder Verhaltensweisen auszeichnet. Wenn wir selbst auf genau diese Eigenschaften oder Verhaltensweisen großen Wert legen, dann ist der Effekt besonders stark und wir überbewerten deshalb besonders stark.

Beispiel: Gründung von Google
Ein Jahr nach der Gründung wollten die Gründer Google für eine Million USD verkaufen. Dem Käufer war dies aber zu teuer. Glückliche Umstände führten dazu, dass Google zum heutigen Ergebnis führte. Dies ist absichtlich eine sehr kurze und detaillose Erzählung, denn eine detailliertere Geschichte könnte das Gefühl vermitteln, dass wir aus der Geschichte Googles allgemein nützliche Lektionen lernen können, die das Unternehmen zum Erfolg führte. Es spricht leider vieles dafür, dass das Gefühl, aus der Geschichte von Google etwas gelernt zu haben, weitgehend eine Illusion ist. Der entscheidende Test für die Qualität einer Erklärung ist die Frage: „Kann man das Ergebnis im Vorhinein vorhersagen?“ Sie werden zustimmen, dass keine Geschichte des unwahrscheinlichen Erfolgs von Google diesen Test bestehen wird. Keine Geschichte kann die zahllosen Ereignisse einbeziehen, die auch ein anderes Ergebnis hervorgebracht hätte. Unser menschliches Hirn beschäftigt sich nicht mit Nicht-Ereignissen. Viele der wichtigen Entscheidungen von Google beruhten auf Entscheidungen von Führungskräften. Gerade deshalb werden wir verleitet, die Fähigkeit von Können und Geschick zu überbewerten und den Anteil des Glücks zu unterschätzen. Da anscheinend jede maßgebliche Entscheidung positiv ausging, deutet dies auf makelloses Vorauswissen und Weitsicht hin. Hätten die Entscheider bei ihren Entscheidungen etwas Pech gehabt, hätte es jeden der nachfolgenden Schritte zunichte gemacht. Der Halo Effekt gibt der ganzen Geschichte den letzten Schliff und verleiht den Entscheidungsträgern eine Aura der Unbesiegbarkeit. Ein erfahrener Feuerwehrmann, der schon hunderte Einsätze hatte, hat gelernt, das Feuer und dessen Auswirkungen zu „lesen“ und mögliche Gefahren „vorherzusehen“. Er hat gelernt, seine Körperhaltung und seine Sinne richtig

einzusetzen. Junge Gründer haben weniger Gelegenheiten zu lernen, wie man ein gigantisches, weltumspannendes Unternehmen aufbaut und was man zu tun hat, wenn ein Konkurrent eine Innovation auf den Markt bringt. Selbstverständlich spielten Können und Geschick eine Rolle in der Erfolgsgeschichte von Google, aber in Wirklichkeit hatte Glück den größeren Anteil daran, als in der Schilderung zum Ausdruck kommt. Umso größer der Anteil des Glücks in einer Geschichte, desto weniger lässt sich daraus lernen. Schuld ist die mächtige WYSIATI-Regel. Sie zwingt uns dazu, mit den beschränkten Informationen die wir besitzen so zu verfahren, als wäre das alles, was wir über das Thema wissen können. Aus den spärlichen Informationen konstruieren wir dann die bestmögliche Geschichte, die uns logisch erscheint. Paradoxerweise ist es leichter eine zusammenhängende Geschichte zu entwerfen, wenn man wenig weiß (siehe WYSIATI-Regel).

Das Buch „Der Halo Effekt - Wie Manager sich täuschen lassen“ von Phil Rosenzweig und Nikolas Bertheau zeigt, dass Erfolg und Misserfolg von Managern und Führungskräften überschätzt wird und deren Botschaft nur selten nützlich ist. So steht im Klappentext des Buches (Auszug): „Steigen Umsatz und Gewinn eines Unternehmens, ist die Versuchung groß, dahinter eine brillante Strategie, eine visionäre Führungspersönlichkeit, besonders fähige Mitarbeiter oder eine außergewöhnliche Unternehmenskultur zu vermuten. Lässt die Performance nach, stehen schon bald die verfehlte Strategie, der arrogante Führungsstil, die nicht engagierten Mitarbeiter oder die uninspirierte Unternehmenskultur am Pranger. Dabei hat sich kaum etwas verändert - außer die Wahrnehmung“.

Gerne glauben wir, was uns die Medien präsentieren oder was Experten und Gurus zu Kryptowährungen zu sagen haben. Der „Social Proof“, also die Menge an Likes, Followern etc., beeinflusst zusätzlich unsere Wahrnehmung dieser Person.

Später werden wir bei der „Kompetenzillusion“ noch sehen, dass dies meist ungerechtfertigt ist. Da Menschen prinzipiell faul sind und die Qualität der Informationen nicht selbst überprüfen, lassen sie sich somit von deren Aussagen stark beeinflussen, was wiederum ihre Investment-Entscheidungen negativ beeinflusst.

Um dem Halo-Effekt entgegenzuwirken, können wir das „Mehr-Augen-Prinzip“ anwenden. Das Mehr-Augen-Prinzip ist eine präventive Kontrolle, bei der mehrere Menschen die Entscheidungen oder Handlungen einer Person beurteilen. Eine weitere Maßnahme ist eine möglichst objektive Beurteilung der Entscheidungen und Handlungen einer Person. Zusätzlich sollten wir die eigene Wahrnehmung sensibilisieren und auf mehr Selbstreflexion zurückgreifen. Wir sollten die Merkmale einer Person einzeln beurteilen und uns nicht von einem „überstrahlten“ Merkmal auf andere Merkmale oder den Gesamteindruck verleiten lassen. Wir dürfen uns auch nicht von der Anzahl der Likes oder Follower blenden lassen.

Kompetenzillusion: Warum Experten keine besseren Vorhersagen machen

Die Kompetenzillusion (englisch *Illusion of Skill*) ist der Glaube, dass kompetente Personen bessere Vorhersagen machen können. Dies ist vor allem in der Politik, Wirtschaft und an der Börse weit verbreitet.

Was veranlasst einen Investor dazu Aktien zu kaufen, die ein anderer verkauft? Was glaubt der Käufer zu wissen, was der Verkäufer nicht weiß? Die meisten Händler wissen, dass sie dieselben Informationen besitzen und tauschen Aktien deshalb, weil sie unterschiedlicher Meinung sind. Die Käufer denken, dass die Aktien unterbewertet sind und der Kurs steigen wird, wohingegen die Verkäufer glauben, die Aktien seien überbewertet und der Kurs müsste fallen. Beide glauben, der derzeitige Preis sei unangemessen. Warum glauben beide, dass sie den Preis besser wissen als der Markt? In Wahrheit machen viele Investoren durchgehend Verluste und sind somit schlechter, als wenn Aktien zufällig ausgesucht werden. Eine ganze Branche scheint auf einer Kompetenzillusion zu basieren. Dies gilt ebenso für den Krypto-Markt.

In einer Studie von Terry Odean wurden Daten von Transaktionen einzelner Investoren über einen Zeitraum von 7 Jahren mit über 10.000 Konten und über 163.000 Kauf- und Verkaufsgeschäften ausgewertet. Das Ergebnis war, dass sich die Aktien, die die Händler verkauften, im Schnitt signifikant besser entwickelten als die, die sie kauften. Im Durchschnitt war die Rendite unter Berücksichtigung der Transaktionskosten 3,2% pro Jahr besser. Es wäre also für die Mehrheit der Investoren besser gewesen, nichts zu tun, als ihren Ideen zu folgen. In einer Studie von Odean und Brad Barber mit dem Titel: „Wertpapiergeschäfte bedrohen Ihr Vermögen“, zeigten sie, dass die aktivsten Händler die schlechtesten Ergebnisse hatten, während die passiven die höchsten Renditen erreichten.

Bei jeder Wertpapiertransaktion gibt es einen Geschäftspartner, wie beispielsweise professionelle Anleger und Finanzinstitute, die gerne bereit sind, die Fehler der Privatanleger bei deren Handlungen auszunutzen. Viele Forschungen haben die Fehler der Privatanleger genauer unter die Lupe genommen. Privatanleger neigen dazu, Gewinner-Aktien zu verkaufen, also Aktien, die seit dem Kauf einen Kursanstieg verbuchen konnten. Andererseits halten sie an ihren Verlierer-Aktien fest. Zu ihrem Pech jedoch zeigen kurzfristig Gewinner-Aktien eine bessere Wertentwicklung als die Verlierer-Aktien. Das bedeutet, dass die Investoren die falschen Aktien verkauften und auch die falschen kauften. Privatanleger sind auch viel anfälliger auf Nachrichten. Sie wenden sich in vorhersehbarerweise Unternehmen zu, die mit

Schlagzeilen ihre Aufmerksamkeit erregen. Professionelle Investoren reagieren viel selektiver auf Nachrichten (siehe auch Verfügbarkeitsfehler).

Finanzprofis, die professionell Anlegergelder verwalten, gaben sich den Namen „Smart Money". Doch nur sehr wenige haben das erforderliche Wissen und die Fähigkeiten durchgängig, Jahr für Jahr den Markt zu schlagen. Vergeblich sucht man anhaltenden Erfolg bei professionellen Anlegern und Fondmanagern. Das ausschlaggebende Kriterium für Kompetenz (und somit Erfolg) ist Konsistenz. Das würde bedeuten, dass das jährliche Ranking von Investoren und Fonds nicht zufallsbedingt schwanken dürfte und die Korrelation der Rangordnungen von Jahr zu Jahr nicht null sein darf. Die Datenlage nach 50-jähriger Forschung ist eindeutig: Bei der großen Mehrheit der Fondmanager gleicht die Auswahl von Einzeltitel einem Würfelspiel und im Allgemeinen ist die Wertentwicklung bei zwei von drei Investmentfonds in einem beliebigen Jahr schlechter als die des Gesamtmarktes. Interessant ist auch, dass die Korrelation zwischen aufeinanderfolgenden jährlichen Anlageergebnissen nahezu null ist. Die erfolgreichen Fonds in einem beliebigen Jahr hatten einfach mehr Glück. Das Bemerkenswerteste ist aber, dass auch wenn die Vorstände oder Eigentümer von Fonds mit der Realität konfrontiert werden, dass ihre Fondmanager nur ein Glücksspiel spielen, nichts dagegen tun. Diese statistischen Informationen werden ignoriert, wenn sie den Eindrücken aus persönlicher Erfahrung zuwiderlaufen. Tatsachen, die Grundannahmen in Frage stellen (z.B. Fondmanager erwirtschaften nicht durchgehend bessere Renditen als der Markt) und dadurch das Auskommen und die Selbstachtung von Menschen bedrohen, werden einfach ausgeblendet. Dies gilt ebenso für Stock Picker. Nur wenige von ihnen wissen es, aber Stock Picker spielen genauso ein Zufallsspiel. Wertpapierhändler haben subjektiv das Gefühl in einer Situation großer Ungewissheit, rationale, wohlbegründete Entscheidungen zu treffen. In den Märkten sind leider fundierte Vermutungen nicht treffgenauer als zufällige Vermutungen. Studien haben bestätigt, dass Menschen, die ihren Lebensunterhalt damit verdienen, sich gründlich mit einem bestimmten Sachgebiet zu beschäftigen, schlechtere Vorhersagen erstellen als zufällig ausgewählte Optionen. Interessanterweise waren sie selbst auf dem Gebiet, wo sie sich am meisten auskannten, nicht deutlich besser als Nicht-Experten. Angesehene Experten haben die Tendenz, sich selbst stärker zu überschätzen als ihre Kollegen, sie gestehen sich selbst Fehler nur selten ein und haben immer eine passende Ausrede parat.

Bei unseren Investment-Entscheidungen stützen wir uns allzu oft auf sogenannte Experten. Ein Grund dafür ist, dass wir uns nicht selbst die Arbeit machen wollen, um zu einer guten Entscheidung zu gelangen und uns deshalb lieber auf Experten verlassen. Ein Problem ist, dass Menschen auf den „Sozialen Status" der Experten achten. Das bedeutet in der Regel, umso mehr Bewertungen, Likes oder Followers eine Person hat, desto eher wird er als „Experte" angesehen. Leider sind Bewertungen, Likes oder Follower überhaupt kein Garant für Expertise. Trauen Sie keinem Experten. Sie sind sich ihren Fehleinschätzungen nicht bewusst. Experten zeigen viele der gleichen Verzerrungen wie wir Normalsterblichen. Ihre Risikobewertungen und Präferenzen unterscheiden sich oftmals von denen anderer Menschen.

Erkenntnisillusion: Warum Sie keine Erfolgsgeschichten lesen sollten

Erkenntnisillusionen entstehen, weil wir aufgrund des Halo-Effekts dazu neigen, kausale Beziehungen umzudrehen. Wir denken, dass Firmen scheitern, weil der Chef zu unflexibel ist. Eigentlich ist es aber umgekehrt. In Wahrheit ist es so, dass der Chef unflexibel erscheint, weil die Geschäfte der Firma schlecht laufen. Ein anderes Beispiel für Erkenntnisillusionen sind Bücher, die versuchen aus systematischen Untersuchungen erfolgreicher Unternehmen oder Persönlichkeiten, konkrete Handlungsweisen abzuleiten. Der Halo-Effekt (siehe Kapitel 3) und der Ergebnisfehler erklären beide gemeinsam den außerordentlichen Erfolg von solchen Büchern. Eines der berühmtesten Beispiele ist das Buch „Immer erfolgreich – Die Strategien der Top-Unternehmen“ von Jim Collins und Jerry I. Porras. Die Kernaussage von diesem und ähnlichen Büchern lautet, dass man gute Führungspraktiken identifizieren kann und dadurch gute Ergebnisse erhält. Beide Behauptungen sind überzogen, denn der Vergleich von Firmen, die mehr oder weniger erfolgreich waren, ist zum größten Teil ein Vergleich von Firmen, die mehr oder weniger viel Glück hatten. Wenn der Zufall mitspielt, dann können regelmäßige Muster nur Illusionen sein (siehe Musterillusion).

Unglaubliche Geschichten über den Aufstieg und Fall von Unternehmen oder Persönlichkeiten stoßen bei Lesern auf Gehör, weil sie das anbieten, was wir Menschen brauchen: Eine einfache Botschaft von Sieg und Niederlage, die eindeutige Ursachen identifiziert. Leider wird oft durch Unwissenheit die Macht des Zufalls und dadurch die Unvermeidbarkeit von Regression (siehe Kapitel 6) ausgeblendet. Deshalb lösen all diese Geschichten eine Illusion des „Verstehens“ aus und lassen den Leser glauben, er habe einige wichtige Lektionen gelernt. Dies ist jedoch nachweislich nicht der Fall. Gerne hören wir die Erfolgsgeschichten von Tradern oder Investoren, die zu grandiosem Reichtum gekommen sind und wollen deren „Erfolgs-Rezepte“ anwenden. Meistens jedoch spielte Glück eine viel, viel größere Rolle als sie selbst und wir glauben wollen.

Selbstüberschätzung: Warum Finanzvorstände den Kurs nicht vorhersagen können

Als ich meine Mining-Firma aufbaute, hatte ich viel Kontakt zu anderen Mining-Betreibern, um mich mit ihnen über das Geschäft und andere Möglichkeiten in dieser Branche auszutauschen. Einer der Miner betrieb spekulatives Mining (*Mining* kommt aus dem Englischen und bedeutet das Abbauen oder Schürfen von Kryptowährungen). Beim spekulativen Mining sucht man nach noch unbekannten Kryptowährungen und schürft sie als einer der ersten. Da man früh beginnt, kann man in kurzer Zeit eine sehr große Anzahl an Kryptowährungen generieren. Man spekuliert darauf, dass das Projekt wächst und somit auch der Kurs der geschürften Kryptowährung steigt, um sie dann am Markt zu einem guten Zeitpunkt zu verkaufen (*dumpen*). Er hatte dafür ein gutes Händchen und prahlte immer mit seinen perfekten Analysen und Prophezeiungen, die dazu führten, diese oder jene Kryptowährung zu schürfen. Später, als er einige Rückschläge einstecken musste, stellte sich heraus, dass vieles einfach nur Glück war und er der „Selbstüberschätzung" unterlag.

Die Selbstüberschätzung (engl. *Overconfidence-bias, overconfidence effect*) ist eine Form der systematischen Fehleinschätzung des eigenen Könnens und Wissens sowie eigener Kompetenzen und folgt aus der WYSIATI-Regel. Weder die Qualität noch die Quantität der Informationen wirken sich auf unsere Entscheidungen aus. Das Ausmaß von dem was wir glauben, hängt überwiegend von der Geschichte ab, die wir uns aus den beschränkten Informationen zusammenbauen. Wir berücksichtigen nicht, dass wir zu wenig Informationen haben, um ein gutes Urteil zu bilden. Wir glauben deshalb, mehr zu können, mehr zu wissen, länger durchzuhalten oder einen größeren Einfluss zu haben als es tatsächlich der Fall ist. Die Selbstüberschätzung ist in der Regel kontextabhängig. Menschen unterschätzen ihre Fähigkeiten tendenziell bei schwierigen Aufgaben und überschätzen sie bei einfachen

Aufgabenbereichen (wie z.B. beim Autofahren). Bemerkenswert ist auch, dass Frauen im Durchschnitt ihre Fähigkeiten geringer überschätzen als Männer.

Optimismus ist weit verbreitet, hartnäckig und kostspielig. In einer Studie wurden Finanzvorstände von Großunternehmen befragt, die durchschnittliche Rendite des S&P 500 (Standard & Poor's Aktienindex der 500 größten börsennotierten US-amerikanischen Unternehmen) fürs folgende Jahr vorherzusagen. Das Ergebnis aus den 11.600 gesammelten Vorhersagen war eindeutig. Die Finanzvorstände hatten keinen blassen Schimmer, wie sich der Index kurzfristig entwickelt. Die Korrelation zwischen der tatsächlichen Entwicklung und den Vorhersagen lag knapp unter null. Das bedeutet, wenn die Vorstände sinkende Kurse vorhersagten, stiegen diese tendenziell an. Das Problem bei diesen nicht überraschenden Ergebnissen ist jedoch, dass die Finanzvorstände nicht wussten, dass ihre Vorhersagen wertlos sind. Zusätzlich zur Wertentwicklung des S&P 500 mussten die Befragten zwei weitere Schätzungen abgeben. Die eine, die nach ihrer Meinung zu 90 prozentiger Sicherheit zu hoch war und die zweite, die mit 90 prozentiger Sicherheit zu niedrig war. Diese Spanne wird in der Statistik als 80 prozentiger Konfidenzintervall bezeichnet. Ergebnisse außerhalb dieses Bereichs sind Ausreiser (also 20 Prozent der Ergebnisse). Bei solchen Experimenten gab es viel zu viele Ausreißer. Die Häufigkeit betrug 67 Prozent, was mehr als dreimal so viel war wie erwartet. Dies bedeutet, dass die Finanzvorstände ihre Fähigkeit den Markt vorherzusagen stark überschätzten. Selbstüberschätzung ist ein weiterer Beweis der WYSIATI-Regel. Wenn wir etwas Vorhersagen oder Schätzen müssen, dann stützen wir uns auf die Informationen, die uns spontan einfallen und konstruieren uns daraus eine zusammenhängende (kohärente) Geschichte, mit der unser Schätzwert sinnvoll erschient. Für uns ist es fast unmöglich Informationen zu berücksichtigen, die wir nicht wissen. Die Autoren der Studie haben dann die Häufigkeiten der Ausreiser auf die geforderten 20 Prozent zurückgerechnet. Das Ergebnis lautete dann: Die Wertentwicklung des S&P 500 wird im nächsten Jahr mit 80 prozentiger Wahrscheinlichkeit zwischen minus 10 Prozent und plus 30 Prozent liegen. Dies würde ein Finanzvorstand jedoch niemals sagen.

Im Allgemeinen konstruieren wir uns also eine Geschichte zu einem Kursverlauf anhand von den wenigen Informationen, die wir im Moment zur Verfügung haben. Wir denken nicht an andere mögliche Ereignisse und überschätzen deshalb unsere Fähigkeit, den Kursverlauf vorherzusagen.

KAPITEL 4: Warum Verluste schmerzhafter als Gewinne erfreulich sind

In diesem Kapitel geht es um:

- Die neue Erwartungstheorie: Entscheidungen unter Unsicherheit
- Verlustaversion: Warum wir uns selbst um unsere Gewinne bringen
- Der Dispositionseffekt: Warum wir Rendite einbüßen, wenn wir Gewinner verkaufen
- Sicherheitseffekt und Möglichkeitseffekt: Wie Lotterien und Versicherungen uns abzocken

Die neue Erwartungstheorie: Entscheidungen unter Unsicherheit

Die neue Erwartungstheorie (englisch *Prospect Theory*) wurde 1979 von den beiden Psychologen Daniel Kahneman und Amos Tversky als Alternative zur Erwartungs-Nutzentheorie vorgestellt. In der Nutzentheorie sind Wahrscheinlichkeiten und Entscheidungsgewichte identisch. Ein rational denkender Mensch würde sich also immer für diejenige Wahl entscheiden, die den besten Erwartungswert hervorbringt. Aus der Forschung wissen wir jedoch, dass dies nicht der Fall ist. Die neue Erwartungstheorie stellt die reale Beziehung zwischen Wahrscheinlichkeit und Entscheidungsgewicht her. Um die neue Erwartungstheorie zu verstehen, sehen Sie sich folgende Beispiele an:

Beispiel 1: Was wählen Sie?

- *a) 900 USD sicher erhalten oder*
- *b) eine 90 prozentige Chance 1000 USD zu gewinnen?*

Schreiben Sie ihre Antwort auf!

Beispiel 2: Was wählen Sie?

- *a) Einen sicheren Verlust von 900 USD oder*
- *b) eine 90 prozentige Wahrscheinlichkeit 1000 USD zu verlieren?*

Schreiben Sie ihre Antwort auf!

Die Mehrheit der befragten ist bei Beispiel 1 risikoscheu und wählt daher Antwort a). Der subjektive Wert von sicheren 900 USD ist größer als eine 90 Prozentige Chance des Gewinns von 1000 USD. Bei Beispiel 2 entscheiden sich die meisten Menschen für das Risiko und wählen Antwort b). Der subjektive Wert des Verlustes von 900 USD ist viel größer als die 90 Prozent Wahrscheinlichkeit des Verlustes von 1000 USD. Der sichere Verlust ruft ein starkes Gefühl von Risikovermeidung hervor und veranlasst dazu, das Risiko einzugehen.

Beispiel 3: Zusätzlich zu Ihrem bisherigen Vermögen erhalten Sie 1000 USD. Entscheiden Sie sich für eine der folgenden Optionen:

a) Eine 50 prozentige Chance 1000 USD zu gewinnen oder

b) 500 USD sicher erhalten

Schreiben Sie ihre Antwort auf!

Beispiel 4: Zusätzlich zu ihrem bisherigen Vermögen erhalten Sie 2000 USD. Entscheiden Sie sich für eine der folgenden Optionen:

a) eine 50 prozentige Wahrscheinlichkeit 1000 USD zu verlieren oder

b) 500 USD sicher zu verlieren

Schreiben Sie ihre Antwort auf!

Die Beispiele 3 und 4 sind in Bezug auf den finalen Vermögenszustand gleichwertig. In beiden Fällen hat man die Wahl zwischen zwei gleichen Optionen. Entweder man ist mit Sicherheit 1500 USD reicher als zuvor oder man akzeptiert ein Glücksspiel, bei dem man mit 50 prozentiger Wahrscheinlichkeit um 1000 USD oder um 2000 USD reicher sein wird als zuvor. Dennoch unterscheiden sich die Antworten. Bei Beispiel 3 entschied sich die Mehrheit für die sichere Wahl b) und bei Beispiel 4 jedoch für das Gewinnspiel a). Der Vergleich der Beispiele verdeutlicht die entscheidende Rolle des Referenzpunktes von dem aus bewertet wird. Der Referenzpunk ist der frühere Zustand, auf den sich die Beurteilung von Gewinnen und Verlusten bezieht. Bei Beispiel 3 liegt der Referenzpunkt bei 1000 USD, bei Beispiel 4 bei 2000 USD. Bei einem Vermögensendstand von 1500 USD entspricht es bei Beispiel 3 einem Gewinn von 500 USD und einem Verlust um 500 USD bei Beispiel 4.

Wenn es Ihnen wie den meisten Leuten geht, haben Sie dem Geschenk von 1000 bzw. 2000 USD nicht viel Aufmerksamkeit geschenkt, bevor Sie ihre Wahl getroffen haben. Tatsächlich ist es so, dass es keinen Grund gibt, das

Geschenk zu beachten, da Referenzpunkte im Allgemeinen ignoriert werden.

In der neuen Erwartungstheorie gibt es folgende drei Merkmale, die im Zentrum stehen, wenn es um die Bewertung finanzieller Ergebnisse geht:

Erstens: Die Beurteilung erfolgt in Bezug auf einen neutralen Referenzpunkt. Der Referenzpunkt ist üblicherweise der Status Quo. Er kann jedoch auch ein Ergebnis sein, das Sie erwarten oder ein Ergebnis, das Ihnen ihres Erachtens nach zusteht (Beispielsweise eine Gehaltserhöhung oder eine Prämie, die ihre Kollegen erhalten). Ergebnisse, die besser sind als der Referenzpunkt, werden als Gewinne gewertet. Schlechtere Ergebnisse als der Referenzpunkt empfinden wir als Verluste. Um den Referenzpunkt zu verinnerlichen, können Sie folgendes Experiment durchführen:

Stellen Sie drei Schüsseln auf den Tisch. Die beiden äußeren werden einmal mit kaltem Wasser und einmal mit heißem Wasser gefüllt. Die mittlere wird mit Wasser mit Raumtemperatur gefüllt. Halten Sie für ca. eine Minute die eine Hand in das heiße, und die andere Hand in das kalte Wasser. Dann stecken Sie beide Hände in die mittlere Schüssel, die Raumtemperatur hat. Sie werden sehen, dass Sie dieselbe Temperatur in der einen Hand als kalt und in der anderen als warm empfinden werden.

Zur Veranschaulichung des Referenzpunktes bei Investments versetzen Sie sich in folgende Situation: Sie sind mit einer Position in der Gewinnzone, kurz darauf sinkt der Kurs. Obwohl Sie immer noch einen Gewinn machen würden, empfinden Sie das Schmälern des Gewinns als Verlust, da sich ihr Referenzpunkt automatisch mit dem Kurs nach oben verschoben hat.

Zweitens: Subjektive Differenzen bei höheren Vermögenszuständen empfinden wir als viel kleiner als bei niedrigeren.

Betrachten Sie folgendes Beispiel: Die subjektive Differenz zwischen 900 und 1000 USD ist viel kleiner als die Differenz zwischen 100 und 200 USD. Mit anderen Worten: Es existiert ein Prinzip abnehmender Empfindlichkeiten bei der Beurteilung von Vermögensänderungen. Das bedeutet: Differenzen Bei höheren Vermögenwerten werden als geringer empfunden: Die Differenz zwischen 900 USD und 1000 USD empfinden wir als geringer als die Differenz zwischen 100 USD und 200 USD. Im ersten Fall wäre der Zuwachs nur ca. 11% wobei der Zuwachs im zweiten Fall 100% beträgt. In beiden Fällen sind wir jedoch um 100 USD reicher als zuvor.

Drittens: Die Verlustaversion (englisch *Loss Aversion*). Wenn Optionen direkt miteinander verglichen werden, schlagen Verluste stärker zu als Gewinne. Dies ist evolutionsgeschichtlich bedingt, denn Menschen die vorsichtiger handeln, haben höhere Überlebenschancen. Wir scheuen Verluste mehr als wir uns über Gewinne freuen. Ein Verlust wirkt emotional im Schnitt doppelt so stark wie ein gleichwertiger Gewinn. Eine Verlustposition von 1000 USD verursacht einen viel größeren emotionalen Schmerz als eine Gewinnposition von 1000 USD emotionale Freude bringt (siehe nächstes Kapitel).

Verlustaversion: Warum wir uns selbst um unsere Gewinne bringen

Betrachten Sie folgendes Beispiel:
Wir werfen eine Münze ein Mal. Bei Zahl verlieren Sie 100 USD. Bei Kopf gewinnen Sie 150 USD. Würden Sie dieses Glücksspiel eingehen? Schreiben Sie ihre Antwort auf!

Der erwartete Nutzen dieses Glückspiels ist offensichtlich positiv, weil Sie mehr gewinnen als verlieren können und trotzdem werden Sie dieses Spiel vermutlich ablehnen. Die meisten Menschen lehnen dieses Gewinnspiel ab, da die Angst 100 USD zu verlieren größer ist als die Hoffnung 150 USD zu gewinnen. Kahneman und Tversky folgerten aus vielen derartigen Beobachtungen, dass Menschen Verluste höher bewerten als Gewinne und somit Verlustscheu sind. Mit anderen Worten: Menschen ärgern sich im Allgemeinen über einen Verlust von 100 USD mehr, als sie sich über einen Gewinn von 150 USD freuen. In mehreren Experimenten wurde die Verlustaversionsrate von Menschen überprüft. Sie wurden gefragt, ab welchem Gewinnbetrag sie auf das Gewinnspiel eingehen würden. Die Verlustaversionsrate liegt im Mittelwert zwischen 1,5 und 2,5. Einige Menschen haben eine stärkere Verlustaversion als andere. Um die Stärke Ihrer Verlustaversion zu messen, stellen Sie sich folgende Frage:

Was ist der niedrigste Gewinn, den Sie brauchen, um die 50 prozentige Wahrscheinlichkeit des Verlustes von 100 USD auszugleichen? Mit anderen Worten: Wieviel wollen Sie mindestens gewinnen, um dieses Glücksspiel zu spielen? Schreiben Sie ihre Antwort auf!

Für viele Menschen liegt die Antwort bei ungefähr der doppelten Höhe des Verlustes, also bei ungefähr 200 USD. Daraus kann man sich die Verlustaversionsrate berechnen. Die Formel lautet:

$$Verlustaversionsrate = \frac{Höhe\ des\ Gewinns}{Höhe\ des\ Verlusts}$$

Professionelle Investoren an den Finanzmärkten sind toleranter gegenüber Verlusten, haben also eine geringere Verlustaversionsrate. Vermutungen legen nahe, dass sie nicht auf jede kleine Schwankung emotional reagieren. In einem Test mit Probanden, denen gesagt wurde, dass sie wie ein Wertpapierhändler denken sollten, nahm die Verlustaversion ab. Bei den Probanden wurden die physischen Reaktionen auf emotionale Erregung gemessen und man sah, dass ihre emotionale Reaktion auf Verluste deutlich zurück ging.

Um ihre Verlustaversionsrate zu prüfen, sollten Sie folgende Fragen betrachten. Versuchen Sie dabei alle sozialen Erwägungen auszuklammern und versuchen Sie nicht wagemutig oder vorsichtig zu sein. Konzentrieren Sie sich allein auf ihr subjektives Empfinden des möglichen Verlusts und des kompensierenden Gewinns.

Wir betrachten ein Glücksspiel mit einer 50 prozentigen Gewinnwahrscheinlichkeit (wie beim vorigen Münzwurf Beispiel) bei dem Sie 10 USD verlieren können. Es wird nur einmal geworfen. Wie hoch ist der kleinste Gewinn, der diese Wette für Sie attraktiv macht? Schreiben Sie die Zahl auf!

Wenn ihre Antwort 10 USD ist, dann sind Sie gegenüber dem Risiko gleichgültig. Ihre Verlustaversionsrate beträgt genau 1. Wenn ihre Antwort kleiner als 10 USD ist, dann sind Sie risikofreudig. Ihre Verlustaversionsrate ist kleiner als 1. Wenn ihre Antwort größer als 10 USD ist, dann sind Sie verlustscheu. Ihre Verlustaversionsrate ist größer als 1. Betrachten Sie nun weiters folgende Beispiele:

Wieder geht es um einen einzigen Münzwurf. Diesmal ist der mögliche Verlust 500 USD. Welchen potenziellen Gewinn wollen Sie haben, um dieses Spiel zu spielen? Schreiben Sie ihre Antwort auf!

Wie verhält es sich bei einem möglichen Verlust von 2000 USD? Welchen potenziellen Gewinn wollen Sie haben? Schreiben Sie ihre Antwort auf!

Wenn Sie sich nun ihre Antworten ansehen und die Verlustaversionsrate ausrechnen, werden Sie vermutlich feststellen, dass Ihre Verlustaversionsrate mit steigenden Einsätzen tendenziell ansteigt. Natürlich ist bei potenziellen, ruinösen Verlusten die Verlustaversionsrate sehr groß. Es gibt Risiken, die Menschen einfach nicht eingehen werden, egal wie groß der Gewinn ist. Dies trifft vor allem zu, wenn die Existenz oder der Lebensstil bedroht ist.

Aus den Experimenten zur Verlustaversion leiten sich folgende zwei Grundsätze ab: Erstens: Bei einem Glücksspiel bei dem sowohl ein Gewinn als auch ein Verlust möglich ist (dies nennt sich auch „gemischte Lotterie"), führt die Verlustaversion zu risikoscheuem Verhalten. Da Verluste viel intensiver erlebt werden als gleich hohe Gewinne, versuchen Menschen stets Verluste zu vermeiden. Dies führt dazu, dass wir dazu verleitet sind, in „sichere" Anlagen zu investieren und uns dadurch langfristig Gewinne entgehen lassen oder dass wir beispielsweise bei kurzzeitig fallenden Kursen, aus Angst Verluste zu machen, zu früh aus der Position aussteigen. Zweitens: Bei den beiden Wahlmöglichkeiten A: wahrscheinlicher, höherer Verlust und B: sicherer, niedrigerer Verlust, verhalten sich die Menschen im Allgemeinen risikofreudig und wählen Option A. Dabei wird der Verlust ungefähr doppelt so hoch gewertet wie der potenzielle Gewinn. Ein Verlust von sichern 900 USD wiegt schwerer als 90 Prozent des Verlustes von 1000 USD. Diese beiden Erkenntnisse sind die Quintessenz, der von Daniel Kahneman und Amos Tversky entwickelten, neuen Erwartungstheorie.

Wenn Sie in Bitcoin oder andere Kryptowährungen investieren, sollten Sie das auf Basis einer langfristigen Strategie machen und nicht auf tägliche Schwankungen achten. Idealerweise sehen Sie sich den Kurs nicht täglich an. Wer seltener den Kurs beobachtet, nimmt weniger Verluste wahr (solange die Grundtendenz positiv ist). Auswertungen von Investoren haben ergeben, dass langfristigere Investoren höhere Erträge erreichen, weil sie sich nicht von den unrealisierten Verlusten verängstigen lassen.

Der Dispositionseffekt: Warum wir Rendite einbüßen, wenn wir Gewinner verkaufen

Betrachten Sie folgendes Beispiel:

Stellen Sie sich vor, Sie sind Wertpapierhändler und haben ein Aktiendepot. Sie benötigen Geld und müssen deshalb Aktien verkaufen. Sie erinnern sich, zu welchem Preis Sie die Aktien gekauft hatten und können Aktien entweder mit Gewinn oder Verlust verkaufen. Aktie G ist ein Gewinner mit 5000 USD Gewinn. Aktie V ist ein Verlierer. Der Kurs beider Aktien ist in den letzten Wochen stabil geblieben. Welche Aktie werden Sie eher verkaufen?
Schreiben sie ihre Antwort auf!

Eine legitime Formulierung für dieses Entscheidungsproblem könnte wie folgt lauten: „Ich könnte Aktie G verkaufen und einen Erfolg von 5000 USD in meiner Investitions-Bilanz verbuchen. Ich könnte auch Aktie V verkaufen und muss dadurch einen Verlust verbuchen, also einen Misserfolg. Was sollte ich eher tun?" So wie das Problem formuliert ist, ist es eine Wahl zwischen Freude (einen Gewinn verbuchen) und Ärger (einen Verlust verbuchen) und Sie werden daher eher die Gewinner Aktie G verkaufen und sich über Ihre hervorragenden Investitionsentscheidungen freuen. Diese Verzerrung nennt sich Dispositionseffekt. Der Dispositionseffekt (englisch *Disposition Effect*) ist die Neigung von Anlegern, die Positionen abzustoßen, die im Wert gestiegen sind und die Positionen zu halten, die im Wert gesunken sind. Interessant ist auch, dass der Dispositionseffekt nicht nur bei Privatanlegern und Daytradern gefunden wurde, sondern auch bei professionellen und institutionellen Investoren und Investmentfonds. Der Effekt ist ein Fall von „engem Framing", das bedeutet, dass der Anleger für jede Aktie, die er gekauft hat, ein eigenes (geistiges) Konto eingerichtet hat und er will jedes davon mit einem Gewinn abschließen. Das erzeugt ein gutes Gefühl, für das man jedoch bezahlt. Ein rationaler Investor hätte einen umfassenden Überblick über das gesamte Portfolio und würde die Aktie verkaufen, die in Zukunft mit der geringsten Wahrscheinlichkeit eine gute Wertentwicklung verzeichnen wird, ohne zu überlegen ob es ein Gewinner oder Verlierer ist. Wenn Ihnen mehr an Ihrem

Vermögen als an Ihren Emotionen liegt, sollten Sie genau wie ein rationaler Investor handeln und den Verlierer V verkaufen und den Gewinner G behalten. Die Realisierung von Verlusten vermindert zusätzlich Ihre Steuerlast, während der Verkauf von Gewinnern Ihnen zusätzliche Steuern aufbrummt. Dies ist allen Anlegern bekannt, wenn Sie im Dezember an die Steuererklärung denken und stoßen dann vermehrt Verlierer ab. Dieser „Steuervorteil" ist eigentlich das ganze Jahr verfügbar, aber die übrigen 11 Monate setzt sich leider die mentale Buchhaltung gegenüber dem gesunden finanziellen Menschenverstand durch. Zumindest bei Aktien gibt es einen weiteren Grund, der gegen den Verkauf von Gewinnern spricht. Dies ist die gut dokumentierte Marktanomalie, wonach Aktien, deren Kurs in jüngster Zeit gestiegen ist, wahrscheinlich zumindest eine kurze Zeit weiter steigen werden. Ob es so eine Marktanomalie bei Kryptowährungen gibt, ist noch nicht erforscht.

Sicherheitseffekt und Möglichkeitseffekt: Wie Lotterien und Versicherungen uns abzocken

Betrachten Sie folgendes Beispiel: *Die Chance eine Million USD zu erhalten erhöht sich jeweils um fünf Prozent.*

a) Die Wahrscheinlichkeit steigt von 0 auf 5 Prozent.
b) Die Wahrscheinlichkeit steigt von 5 auf 10 Prozent.
c) Die Wahrscheinlichkeit steigt von 60 auf 65 Prozent.
d) Die Wahrscheinlichkeit steigt von 95 auf 100 Prozent.

Was denken Sie über diese Wahrscheinlichkeiten? Welche Änderung beeindruckt Sie? Welche nicht? Schreiben Sie ihre Antworten auf!

Das Erwartungsprinzip von Bernoulli besagt, dass sich unser Nutzen genau um 5 Prozent erhöht. Dies ist in der Realität jedoch nicht der Fall, wie Sie wahrscheinlich selbst festgestellt haben. Eine Erhöhung von 0 Prozent auf 5 Prozent ist eindrucksvoller als von 5 Prozent auf 10 Prozent oder von 60 Prozent auf 65 Prozent. Eine Veränderung von 0 Prozent auf 5 Prozent ist eine grundlegende Veränderung. Es gibt nun eine Möglichkeit etwas zu gewinnen, die es vorher nicht gab. Dies ist eine qualitative Änderung, während die Veränderung von 5 Prozent auf 10 Prozent nur eine quantitative Veränderung ist. Obwohl die Veränderung von 5 Prozent auf 10 Prozent die Gewinnwahrscheinlichkeit verdoppelt, haben wir das Gefühl, dass sich der psychologische Wert der Gewinnerwartung nicht verdoppelt. Der Möglichkeitseffekt (englisch *Possibility Effect*) wird durch die starke Wirkung von 0 Prozent auf 5 Prozent verdeutlicht. Er sorgt dafür, dass höchst unwahrscheinliche Ergebnisse unverhältnismäßig übergewichtet werden. Ein Beispiel dafür sind Menschen, die bereit sind, für sehr geringe Chancen einen großen Preis zu zahlen, wie dies z.B. bei Lotterielosen der Fall ist. Der Sicherheitseffekt (engisch *Certainty Effect*) im Gegensatz dazu kommt zu tragen, wenn es eine Verbesserung von 95 Prozent auf 100 Prozent gibt. Ergebnisse, die fast sicher sind, werden geringer gewichtet, als es ihre Wahrscheinlichkeit rechtfertigt. Betrachten Sie folgendes Beispiel zur Veranschaulichung des Sicherheitseffekts:

Stellen Sie sich vor, Sie haben eine Million USD geerbt. Jemand aus der Familie fechtet das Testament vor Gericht an. Ihr Anwalt versichert Ihnen, dass das Recht auf Ihrer Seite ist und die Wahrscheinlichkeit, dass Sie gewinnen bei 95 Prozent läge. Er sagt aber auch, dass Gerichtsurteile nie zu 100 Prozent vorhersagbar sind. Der Fall wird morgen vor Gericht verhandelt. Heute tritt jedoch eine Risikoübernahme-Gesellschaft an Sie heran und würde den Fall sofort für 910.000 USD abkaufen. Für was entscheiden Sie sich? Nehmen sie das Angebot der Risikoübernahme-Gesellschaft an oder verhandeln Sie lieber im Gericht? Schreiben Sie Ihre Antwort auf!

Das Angebot der Risikogesellschaft ist um 40.000 USD niedriger als der Erwartungswert des Urteils (siehe auch Kapitel 7: Berechnen Sie Erwartungswerte), der 950.000 USD

(1.000.000 * 0,95 = 950.000) beträgt. Falls Sie jemals in so eine Situation kommen sollten, bedenken Sie, dass es eine ganze Branche für strukturierte Abwicklungen gibt, die zu einem hohen Preis „Sicherheit“ bieten und sich den Sicherheitseffekt zu Nutze machen.

Das Allais-Paradoxon

Das Allais-Paradoxon wurde nach Maurice Allais benannt, einem französischen Ingenieur und Wissenschaftler, der für seine bahnbrechenden Beiträge zur Theorie der Märkte und der effizienten Nutzung von Ressourcen mit dem Wirtschaftsnobelpreis ausgezeichnet wurde. In einem Experiment bei einem Vortrag stellte er eine Reihe an Fragen über Entscheidungsfindung an seine Zuhörer. Allais wollte seinen Gästen zeigen, dass sie anfällig für den Sicherheitseffekt sind, sich dadurch nicht rational entscheiden und gegen die Erwartungsnutzentheorie verstießen. Beispiel einer vereinfachten Version des Allais-Problems:

Problem A: Wählen Sie zwischen

1. *Eine 61 prozentige Chance 520.000 USD zu gewinnen oder*
2. *Eine 63 prozentige Chance 500.000 USD zu gewinnen*

Für welche der beiden Optionen entscheiden Sie sich? Schreiben Sie ihre Antwort auf!

Problem B: Wählen Sie zwischen

1. *Eine 98 prozentige Chance 520.000 USD zu gewinnen oder*
2. *Eine 100 prozentige Chance 500.000 USD zu gewinnen*

Für welche der beiden Optionen entscheiden Sie sich? Schreiben Sie ihre Antwort auf!

Wenn Sie wie die meisten Menschen sind, dann haben Sie bei Problem A die Antwort 1 gewählt und bei Problem B die Antwort 2. Falls das ihre Antworten waren, dann haben Sie gegen die Regeln rationaler Entscheidungen verstoßen und eine logische Sünde begangen. Zur Veranschaulichung des Problems betrachten Sie folgendes: Stellen Sie sich vor, das Ergebnis wird durch blindes Ziehen aus einer Urne mit 100 Kugeln bestimmt. Wenn Sie eine rote Kugel ziehen, gewinnen Sie, wenn Sie eine weiße ziehen, verlieren Sie. Bei Problem A bevorzugten die Befragten fast alle die Urne 1, obwohl sie weniger gewinnbringende rote Kugeln beinhaltet (nur 61 Kugeln statt 63 in Urne 2), da die Differenz beim Gewinn (20.000 USD mehr Gewinn) verlockender ist, als die Differenz in der Wahrscheinlichkeit. Bei Problem B entschied sich die große Mehrheit der Befragten für Urne 2, die einen Gewinn von 500.000 garantiert. Doch dies ist ein logischer Fehler. Wenn Sie die beiden Urnen von Problem B genauer betrachten, sehen Sie, dass die Urnen bessere Versionen der beiden Urnen von Problem A sind. In der Version B wurden einfach je Urne 37 weiße Kugeln durch gewinnbringende rote Kugeln getauscht (61+37=98 in Urne 1 und 63+37=100 in Urne 2). Die Verbesserung in der ersten Urne ist eindeutig größer als die Verbesserung in der zweiten, da Ihnen jede rote Kugel eine weitere Chance gibt, die 520.000 der Urne 1 zu gewinnen, während Sie nur 500.000 in Urne 2 gewinnen können. Sie wählten in Problem A die Urne 1, diese wurde danach stärker verbessert als Urne 2 und dennoch entschieden sie sich für die schlechtere Urne 2. Diese logisch nicht sinnvolle Entscheidung lässt sich psychologisch mit dem Sicherheitseffekt erklären. Der zwei prozentige Unterschied zwischen einer 100 prozentigen und einer 98 prozentigen Gewinnchance bei Problem B ist viel eindrucksvoller als der zwei prozentige Unterschied von 61 Prozent auf 63 Prozent bei Problem A. Die Befragten verstoßen damit gegen die Nutzentheorie. Wir Menschen sind keine rationalen Entscheider, wir entscheiden nicht nach der Nutzentheorie.

Möglichkeitseffekt und Sicherheitseffekt haben nicht nur bei Gewinnen, sondern auch im Bereich von Verlusten eine ähnlich starke Ausprägung. Der Möglichkeitseffekt bringt uns dazu, kleine Risiken zu überbewerten und wir sind bereit viel

Geld (viel mehr als den Erwartungswert) zu zahlen, um dieses kleine Risiko auszuschalten. Betrachten Sie folgende Situation: Wenn ein Familienmitglied operiert wird, ist ein fünf prozentiges Risiko einer Amputation schlecht. Verglichen mit einem 10 prozentigen Risiko ist es viel mehr als halb so schlecht. Der Sicherheitseffekt dagegen führt dazu, dass große Risiken unterbewertet werden. Betrachten Sie folgende Situation: Die Hoffnung, dass eine 95 prozentige Katastrophe ausbleibt und die Gewissheit, dass es zu einer Katastrophe kommt, ist unverhältnismäßig groß. Die Übergewichtung sehr großer Wahrscheinlichkeiten steigert die Attraktivität von Glücksspielen und Versicherungen.

Fazit: Das Gewicht einer Entscheidung, die Menschen Ergebnissen bei hohen und niedrigen Wahrscheinlichkeiten zuschreiben, steht im Widerspruch zum Erwartungsprinzip. Die Entscheidungsgewichte sind nicht identisch mit den Wahrscheinlichkeiten dieser Ergebnisse. Beim Möglichkeits-effekt werden unwahrscheinliche Ergebnisse übergewichtet. Beim Sicherheitseffekt werden sehr wahrscheinliche Ergebnisse im Verhältnis zu ihrer tatsächlichen Eintrittssicherheit untergewichtet.

Das Problem hierbei ist aber, dass sich ein Entscheider, der rational sein will, dem Erwartungsprinzip fügen muss. Das bedeutet, dass wir die Nutzwerte nach ihrer Wahrscheinlichkeit gewichten müssen. Mit anderen Worten: Wir müssen den Sicherheits- und Möglichkeits-Effekt ausschalten. In der angeführten Tabelle finden Sie die zusammengefasste Übersicht von Sicherheitseffekt und Möglichkeitseffekt.

	Gewinn	Verlust
Hohe Wahrscheinlichkeit **Sicherheitseffekt** Ergebnisse, die fast sicher sind, werden im Verhältnis zu ihrer Wahrscheinlichkeit untergewichtet	95% Chance 100.000 zu gewinnen Risikoaverses Verhalten Menschen wollen kein Risiko eingehen, man nimmt lieber ein sichereres, aber niedrigeres Angebot an. Angst vor Enttäuschung nichts zu Gewinnen	95% Chance 100.000 zu verlieren Risikofreudiges Verhalten Hoffnung einen hohen Verlust zu vermeiden.
Niedrige Wahrscheinlichkeit **Möglichkeitseffekt** Unwahrscheinliche Ergebnisse werden unverhältnismäßig stark übergewichtet	5% Chance 100.000 zu gewinnen Risikofreudiges Verhalten Menschen sind bereit, einen hohen Preis für kleine Chancen zu zahlen. Hoffnung auf Gewinn	5% Chance 100.000 zu verlieren Risikoaverses Verhalten Angst vor großem Verlust. Kleine Risiken werden überbewertet. Menschen bezahlen hohen Preis, um Risiko auszuschalten.

KAPITEL 5: Emotionen und Gefühle. Einfluss auf unsere Investmententscheidungen

In diesem Kapitel geht es um:

- Affektheuristik: Unsere Gefühle und Emotionen entscheiden
- Reue: Warum wir manche Investitionen bereuen, dies aber nicht tun müssen
- Enttäuschung: Warum wir von manchen Investitionen nicht enttäuscht sein müssen
- Angst und Gier: Auswirkung auf unsere Investmententscheidungen
- Die Verfügbarkeitskaskade: Wie Hype und Crash ausgelöst werden
- Ego-Depletion: Wieso Sie abends keine Investmententscheidungen treffen sollten

Affektheuristik: Unsere Gefühle und Emotionen entscheiden

Ich erinnere mich zurück an folgende einschneidende Daytrading Situation. Ich hatte einige gute Trades gemacht und war guter Stimmung. Ich öffnete eine weitere Position und musste dann mein Auto in die Werkstatt zur jährlichen Überprüfung bringen. Als ich in der Werkstatt dann einen kurzen Blick aufs Handy warf, um mir die Zeit zu vertreiben sah ich, dass meine Position massiv im negativen Bereich war. Plötzlich schnellte mein Puls hoch und ich bekam einen Schweißausbruch. Ich war in der Werkstatt, konnte nicht nach Hause zu meinem Computer, um die Position manuell zu schließen. Ich merkte, wie ich zunehmend nervöser wurde, umso weiter der Kurs fiel. Ein Gefühl der Machtlosigkeit kam hinzu, da ich warten musste, bis das Auto fertig begutachtet war. Meine Stimmung schlug ins Negative, was auch den Menschen in der Werkstatt auffiel. Ich konnte den Blick nicht mehr von meinem Smartphone nehmen und starrte auf den immer weiter fallenden Kurs. So schnell wie möglich fuhr ich nach Hause und schloss die Position. Gerade als ich den Verlust zu verarbeiten versuchte (damals war das Einfachste, ihn zu „verdrängen"), drehte der Kurs und kletterte wieder nach oben. Ich frage mich: „Warum habe ich Idiot bloß die Position geschlossen? Hätte ich gewartet, dann hätte ich weniger Verluste gemacht." Nun kam zu meiner negativen Stimmung auch noch Ärger und Reue hinzu. Am Ende war die Position weit in meiner ursprünglichen Richtung. Hätte ich nichts gemacht und hätte ich einfach nur gewartet, hätte ich die Position mit Gewinn verbuchen können. Der kurze Blick aufs Smartphone änderte alles. Meine Gefühle und Emotionen übernahmen das Denken. Ich verfiel in eine Art Panik und alle Handlungen waren von diesen Gefühlen und Emotionen getrieben. Ich war nicht Herr der Lage. Dies ist die Extremform der Affektheuristik.

Affektheuristik (englisch *Affect Heuristic*) bedeutet, dass wir bei Urteilen und Entscheidungen unsere Stimmung, Gefühle und Emotionen zu Rate ziehen. Wir fragen uns: Mag ich das? Mag ich es nicht? Wie stark reagiere ich emotional darauf? In welcher Stimmung bin ich gerade? In vielen Lebensbereichen bilden sich Menschen Meinungen und treffen Entscheidungen, die mit ihren Gefühlen zusammenhängen, ohne dass sie wissen, dass sie dies tun. Die Affektheuristik ist ein Fall von Ersetzung, bei dem unser Gehirn eine schwere Frage wie beispielsweise „Was denke ich darüber" durch die leichtere Frage „Welche Gefühle weckt es in mir" ersetzt. Das Problem ist jedoch, dass uns diese Ersetzung selbst nicht bewusst auffällt. Auf Kryptowährungen bezogen könnte das wie folgt aussehen: Die schwierige Frage „Soll ich in Bitcoin investieren" beantworten wir stattdessen mit der leichteren Frage „Mag ich Bitcoin?" ohne dass wir diese Ersetzung bemerken. Ergebnisse aus Studien ergaben, dass Testpersonen einer Technologie einen größeren Nutzen und ein geringeres Risiko zuschreiben, wenn sie eine positive Einstellung gegenüber der Technologie hatten. Wenn sie die Technologie nicht mochten, überwogen die Nachteile bei weitem die Vorteile, die den Testpersonen einfielen. Auf Kryptowährungen bezogen bedeutet das, dass Investoren eher in eine Kryptowährung investieren, wenn sie eine Affinität zur Technologie haben. Außerdem spielt es eine Rolle, wie ein Investor emotional zu einem Projekt und dessen Anwendungsfall (Usecase) steht. Je nach Emotionen, Gefühlen und Stimmung wird der Kauf und Verkauf mehr oder weniger stark beeinflusst. Emotionen und Gefühle beim Traden und Investieren können sehr schnell zu irrationalen Entscheidungen führen. Wir müssen uns deshalb unseren Emotionen und Gefühlen bewusstwerden und sie weitgehend ausschalten. Prinzipiell gilt: Ein längerer Investitionshorizont und seltenere Beobachtung des Marktes wirken sehr gut gegen zu starke Emotionen und Gefühle.

Typische Emotionen, die uns beim Traden und Investieren begegnen sind:

- Angst, Geld zu verlieren, wenn der Trade/die Investition schlecht verläuft
- Erhöhte Angst, Geld in der Investition zu verlieren, wenn es wo anders gebraucht wird (z.B. um Schulden zurückzuzahlen, Lebenskosten zu bestreiten, Reparatur des Autos usw.)
- Gier, beispielsweise aus einer Position nicht auszusteigen, weil man denkt, noch mehr Gewinn zu machen
- Enttäuschung, eine Investition getätigt zu haben von der man sicher war, dass sie ein Gewinner wird
- Reue, eine Entscheidung getroffen zu haben, die sich aber als schlecht herausstellte
- Euphorie oder starker Optimismus, wenn ein paar Trades oder Investitionen gut laufen

Reue: Warum wir manche Investitionen bereuen, dies aber nicht tun müssen

Wir haben Angst davor, eine Investment-Entscheidung zu treffen, die wir später bereuen. Oft bekommen wir von unserer Umwelt zu hören: „Mach das nicht, du wirst es bereuen!“ Reue ist eine Emotion und ebenso eine Form von Bestrafung, die wir uns selbst zufügen. Sie geht mit diesem Gefühl einher, dass man es besser hätte wissen müssen. Wir kämpfen mit den Gedanken an die Fehler, die wir durch eine falsche Entscheidung gemacht haben und an die Chancen, die man dadurch versäumte. Wir haben einen tiefen Wunsch, dieses Fehlereignis ungeschehen zu machen und versuchen den Fehler zu korrigieren und eine zweite Chance zu bekommen. Wenn wir uns vorstellen können, dass man sich anders verhalten hätte können, dann erleben wir zumeist intensives Bedauern. Reue ist eine Emotion, die nicht der Wirklichkeit entspricht und erst durch die Verfügbarkeit von Alternativen ausgelöst wird. Gäbe es nur eine einzige Möglichkeit wie wir uns Verhalten können, dann würden wir keine Reue verspüren. Versetzen Sie sich in folgende Lage:

Paul ist Aktienanleger. Er investiert zum ersten Mal in Kryptowährungen und verliert einen Teil seines Vermögens. Georg investiert oft in Kryptowährungen und verliert einen Teil seines Vermögens. Wer wird die Situation mehr bereuen? Schreiben Sie ihre Antwort auf!

Wer von den beiden wird stärker von Dritten kritisiert werden? Schreiben Sie ihre Antwort auf!

In einem ähnlichen Experiment sagte der Großteil der Befragten, dass Paul es mehr bereuen wird. Im Gegensatz dazu wird Georg vom Großteil der Befragten eher kritisiert als Paul. Reue und Kritik unterscheiden sich. Die Emotionen von Paul und Georg unterscheiden sich und werden davon bestimmt, wie sie üblicherweise investieren. Für Paul ist es ein seltenes (oder ungewöhnliches) Ereignis, deshalb erwarten die Menschen, dass er ein stärkeres Gefühl der Reue empfindet. Ein Beobachter wird eher Georg dafür kritisieren, dass er unverhältnismäßig hohe Risiken eingegangen ist, wobei Paul einfach Pech hatte. Paul ist aber diejenige Person, die sich mehr ärgern wird, da sie sich in dieser einen Situation untypisch verhalten hat. Dieses Beispiel veranschaulicht das allgemeine Muster, dass wir Menschen stärkere emotionale Reaktionen (einschließlich Reue) auf ein Ergebnis zeigen, das durch „tun" zustande kommt. Umgekehrt haben wir schwächere emotionale Reaktionen auf das gleiche Ergebnis, wenn es durch „nicht tun" (Untätigkeit) zustande kommt. Dies wurde auch bei Glücksspielen bestätigt. Menschen sind zufriedener, wenn sie riskant spielen und gewinnen, als wenn sie kein Glücksspiel spielten und die gleiche Summe einfach so erhielten. Das Entscheidende hierbei ist nicht der

Unterschied zwischen „tun“ und „nicht tun“ sondern der Unterschied zwischen Standardoptionen und Handlungen, die vom Standard abweichen. Die Standardoption für Paul ist, nicht in Kryptowährungen zu investieren. In Kryptowährungen zu investieren, ist eine Abweichung von der Standardoption und damit mit Reue verbunden. Die Auswirkung der Abweichung von der Standardoption veranschaulicht folgende Situation: Die Standardoption ist, ihre Familie zu begrüßen, wenn sie am Wochenende zu Besuch kommen. Das Abweichen von der Standardoption bedeutet, die Familie nicht zu begrüßen und dies führt wahrscheinlich zu Reue und Kritik.

Ein weiteres Beispiel für Reue:

Peter besitzt Kryptowährung A. Im letzten Jahr überlegte er, ob er auf Kryptowährung B umsteigen sollte. Er entschied sich aber dagegen. Jetzt erfährt er, dass er um 1200 USD reicher wäre, wenn er auf B umgestiegen wäre.

Ben war im Besitz von Kryptowährung B. Im vergangenen Jahr tauschte er diese gegen Kryptowährung A aus. Er erfährt jetzt, dass er um 1200 USD reicher wäre, wenn er Kryptowährung B behalten hätte.

Wer bereut sein Verhalten stärker? Schreiben Sie ihre Antwort auf!

In einem ähnlichen Experiment sagten nur 8 Prozent der Befragten, dass Peter sein Verhalten bereuen wird. 92 Prozent der Befragten sagten, dass Ben es mehr bereuen wird. Dies ist seltsam, da die Situationen der beiden objektiv gesehen gleich sind. Beide besitzen Kryptowährung A und beide wären um 1200 USD reicher, wenn sie Kryptowährung B besitzen würden. Der Unterschied besteht darin, dass Ben durch Handeln in diese Lage kam, während Peter durch Nicht-handeln in die gleiche Lage kam. Die Standardoption für den Kryptowährungs-Besitzer ist, die Kryptowährung zu behalten und nicht zu verkaufen. Die Kryptowährung zu verkaufen, ist

eine Abweichung von der Standardoption und damit ein Kandidat für Reue.
Ein weiteres Beispiel: Manchmal treffen wir eine Investmententscheidung, mit der wir uns nicht hundertprozentig wohl fühlen. Irgendeine innere Stimme sagt uns, dass wir es nicht machen sollten. Wenn die Investition dann positiv ausgeht, sind wir froh, diese Entscheidung getroffen zu haben. Wenn im Gegensatz dazu die Investition negativ ausfällt, werden wir große Reue verspüren. Wir haben die Möglichkeit entweder eine Investition, bei der wir uns nicht wohl fühlen, nicht zu tätigen oder wir müssen uns vor der Investition bewusst machen, dass wir diese Entscheidung womöglich bereuen werden. Am nützlichsten ist, vor der Entscheidungsfindung ausgiebig auf die Erwartung der Reue einzugehen. Wenn etwas schiefläuft und Sie sich daran erinnern können, dass Sie vor der Entscheidungsfindung die Möglichkeit der Reue sorgfältig bedacht haben, so werden Sie wahrscheinlich weniger Reue erleben. Reue tritt mit dem Rückschaufehler gemeinsam auf. Der Rückschaufehler kann demnach das Reue-Gefühl zusätzlich verstärken. Verwenden sie deshalb bei jeder Investitionsentscheidung ein Journal und tragen Sie alle Faktoren, Gedanken, Gefühle und Emotionen zu der Investition darin ein.

Versetzen Sie sich in folgende Situationen vor dem Investieren:

a) Sie verwenden sehr viel Zeit und sind gründlich bei der Entscheidungsfindung
b) Sie sind völlig unbekümmert und entschieden einfach spontan
c) Sie verwenden etwas Zeit und denken ein wenig über die Entscheidung nach

Welche der Situationen werden sie eher bereuen? Welche werden Sie weniger bereuen? Schreiben Sie ihre Antwort auf!

Situation a) und b) sollten Sie nur wenig oder gar nicht bereuen. Bei a) haben Sie alles in Ihrer Macht stehende getan, um zu einer guten Entscheidung zu kommen. Bei b) haben Sie bewusst keine Anstrengungen unternommen, um eine Entscheidung zu treffen. Sie wussten, dass Sie sich auf ein Glücksspiel einlassen. Bei c) jedoch werden Sie Reue verspüren, da Sie kleine Anstrengungen unternommen hatten und sich denken, dass Sie womöglich eine bessere Entscheidung getroffen hätten, wenn Sie mehr Zeit und Energie dafür aufgewendet hätten. Fazit: Bei einer Entscheidung mit langfristigen Folgen sollten Sie entweder sehr gründlich oder völlig unbekümmert sein. Die Rückschau ist schlimmer, wenn man gerade nur ein bisschen nachdenkt. Gerade so viel, dass man sich später sagen muss: Ich hätte beinahe eine bessere Entscheidung getroffen.

Enttäuschung: Warum wir von manchen Investitionen nicht enttäuscht sein müssen

Beispiel: Betrachten Sie folgende Gewinnerwartungen:

a) Eine Chance von eins zu einer Million, eine Million USD zu gewinnen.

b) Eine 90 prozentige Chance, 17 USD zu gewinnen und eine 10 prozentige Chance, nichts zu gewinnen.

c) Eine 90 prozentige Chance, eine Million USD zu gewinnen und eine 10 prozentige Chance, nichts zu gewinnen.

Bei welcher Option würden Sie am meisten enttäuscht sein? Schreiben Sie ihre Antwort auf!

Bei allen drei Optionen ist „nichts gewinnen“ ein mögliches Ereignis und gleich wahrscheinlich (10 prozentige Wahrscheinlichkeit). Der Ausgangspunkt (Referenzpunkt) ist also „nichts gewinnen“ und sein Wert ist null. Dennoch entspricht dies nicht unserer Erfahrung. „Nichts gewinnen“ ist in den Fällen a) und b) ein Nicht-Ereignis und es ist sinnvoll, ihm den Wert Null zuzuschreiben. In der Option c) ist es jedoch sehr enttäuschend nichts zu gewinnen, da die hohe Wahrscheinlichkeit einen neuen Referenzpunkt festsetzt und wir es als einen Verlust erleben, nichts zu gewinnen. Dies ist ein Problem für die neue Erwartungstheorie, da sie nicht zulässt, dass sich der Wert eines Ergebnisses, in diesem Fall „nichts gewinnen", verändert. Mit anderen Worten: Die neue Erwartungstheorie kann Enttäuschungen nicht abbilden, obwohl sie real existieren. Auch bereuen wird von der Theorie nicht berücksichtigt.

Versetzen Sie sich in folgende Situation: Sie haben folgende Auswahlmöglichkeiten:

a) Wählen Sie zwischen einer 90 prozentigen Chance, 1 Million USD zu gewinnen und zu 100 Prozent sicheren 50 USD.
b) Wählen Sie zwischen einer 90 prozentigen Chance, 1 Million USD zu gewinnen und zu 100 Prozent sicheren 150.000 USD.

Vergleichen Sie nun den seelischen Schmerz, den Sie empfinden würden, wenn Sie sich in beiden Fällen für das Gewinnspiel entscheiden würden, aber nicht gewinnen. Im ersten Fall ist es zwar auch eine Enttäuschung, nichts zu gewinnen, aber der potenzielle Schmerz in b) wird dadurch verschlimmert, zu wissen, dass man habgierig gehandelt hat. Da man sich nicht für die sicheren 150.000 USD entschieden hat, bereut man dies zutiefst. Verschiedene Psychologen und Ökonomen haben Modelle zur Entscheidungsfindung vorgeschlagen, die die Emotionen wie Reue oder Enttäuschung abbilden. Das Problem ist, dass diese Theorien nur wenig treffende Vorhersagen machen und sich deshalb gegenüber der neuen Erwartungstheorie nicht durchsetzen konnten.

Warum sollten wir nicht enttäuscht sein? Beim Investieren werden wir nicht mal annähernd in die Nähe einer 100 prozentigen Trefferquote kommen. Verluste gehören zum Investieren dazu. Denken Sie wie ein professioneller

Wertpapierhändler und verinnerlichen Sie folgendes Mantra: „Manchmal verliert man, manchmal gewinnt man".

Angst und Gier: Auswirkung auf unsere Investmententscheidungen

Einige meiner schlechtesten Bitcoin-Investments haben mit Angst und Gier zu tun. Eines war im Januar 2017 als der Bitcoin-Kurs von knapp 1200 USD einbrach, verkaufte ich alle meine Bitcoin Positionen aus Angst und Panik bei 800 USD. Der Preis fiel noch bis ca. 750 USD und stieg danach auf knapp 1400 USD an. Ein anderes war, als der Bitcoin Kurs Ende 2017 sein Allzeithoch von fast 20.000 USD erreichte und ich nicht verkaufte, da ich von der Gier besessen war und auf noch weitere Kurssteigerungen hoffte.

Gefühle beeinflussen unsere Trading- und Investment-Entscheidungen. Vor allem Angst und Gier sind zwei starke Gefühle, die unsere Entscheidungen lenken. Angst fühlen wir beispielsweise bei einer Bedrohung. Also, wenn wir in der Savanne umherziehen, um Futter zu jagen und plötzlich eine Raubkatze unsere Wege kreuzt. In so einer Situation sollen wir evolutionsbedingt ängstlich sein. Sie ist ein natürlicher Instinkt, um unser Überleben zu sichern. Gier könnte unser Todesurteil sein, wenn wir einfach unbekümmert weiter auf die Jagd gehen, werden wir vermutlich von der Raubkatze gefressen. Verlusttrades sind Bedrohungen, die Angst verursachen, weil wir Geld verlieren. Wir verlieren nicht gern. Auch die Gier ist fest in uns verankert. Die besten Überlebenschancen hatten diejenigen, die die meisten Ressourcen, wie zum Beispiel Nahrung, Kleidung und Werkzeug hatten. Angst und Gier sind also evolutionsbedingt immer in uns gegenwärtig. Die Gier wirkt der Angst entgegen. Wenn wir zu ängstlich sind, dann würden wir uns womöglich gar nicht mehr auf die Jagd begeben und müssten verhungern. Gier und Angst sind also für unser Überleben wichtig. Im

Prinzip gibt es folgende vier Möglichkeiten, wie sich Angst und Gier auf eine offene Position auswirken:

	Angst	**Gier**
Gewinnposition	Angst, dass sich der Gewinn verkleinert	Hoffnung auf noch größere Gewinne
Verlustposition	Angst vor noch größeren Verlusten	Hoffnung auf Kurswende und Gewinne

Stellen Sie sich vor, Sie hatten eine Position über Nacht geöffnet und morgens sehen Sie, dass sich die Position im Verlust befindet. Je nach Ausprägung Ihrer Angst und Gier, Ihrer Verlustaversionsrate und je nach Größe der Position, die sich im Verlust befindet, werden Sie mehr oder weniger Unbehagen spüren. In dieser Situation haben wir einerseits Angst vor noch größeren Verlusten und andererseits die Hoffnung, dass sich der Kurs doch noch dreht und wir Gewinne machen. Stellen Sie sich nun vor, sie hatten eine Position über Nacht geöffnet und morgens sehen Sie, dass sich die Position im Gewinn befindet. Je nach Ausprägung Ihrer Angst und Gier, Ihrer Verlustaversionsrate und je nach Größe der Position, die sich im Gewinn befindet, werden Sie mehr oder weniger Freude spüren. In dieser Situation kommt aber auch oft die Angst wieder zum Vorschein, dass sich der Gewinn verkleinern könnte und andererseits treibt uns unsere Gier dazu, die Position weiter offen zu lassen, um noch größere Gewinne einzustreichen. Es ist äußerst unangenehm, wenn wir in einer Verlustposition sind. Es ist aber auch unangenehm, wenn wir durch unsere eigene Gier eine ursprüngliche Gewinnerposition am Ende doch mit Verlust schließen müssen.

In solchen Situationen ist es wertvoll zu „spüren", wie uns unsere Emotionen bei unseren Entscheidungen beeinflussen. Bei jedem Investor oder Trader gibt es den Punkt in seiner Laufbahn, an dem es zu Panik-Reaktionen und dadurch zu schlechten Entscheidungen kommt. In diesen Situationen übernehmen unsere Gefühle das Denken und wir verhalten uns oft irrational. Wichtig ist, dass wir daraus lernen. Der erste Schritt, um diese Reaktionen in den Griff zu bekommen ist, die Emotionen auch wirklich erlebt zu haben. Nur wer weiß, wie es sich anfühlt und wie unkontrolliert wir dadurch handeln, kann beim nächsten Mal darauf richtig reagieren und besser handeln. Das Wichtigste ist, dass wir uns bewusst sind, wann wir emotional werden und die Angst oder Gier unser Denken übernimmt. In so einer Situation ist es gut, in sich zu gehen und sich klar zu machen, nicht voreilig durch Emotionen getriebene Entscheidungen zu treffen. Wir müssen uns nun auf die Fakten konzentrieren und die Situation rational bewerten. Wir sollten kurz Abstand zum Geschehen nehmen. Ruhe und Geduld bewahren ist sehr wichtig, denn unter Eile trifft man meistens schlechte Entscheidungen. Eile führt dazu, dass wir Angst und Gier die Kontrolle überlassen. Nehmen Sie in so einer Situation Ihr Journal und schreiben Sie auf, was Sie fühlen, welche Entscheidung Sie treffen werden und was die Gründe für diese Entscheidung sind. Sie werden merken, dass der Prozess des Aufschreibens schon hilft, bessere Entscheidungen zu treffen.

Die Verfügbarkeitskaskade: Wie Hype und Crash ausgelöst werden

Die Verfügbarkeitskaskade (englisch *Availability Cascade*) ist eine sich selbst tragende Kette von Ereignissen. Sie beginnt meist mit Medienberichten über ein relativ unbedeutendes Ereignis, führt zu öffentlicher Aufmerksamkeit und zuletzt zu massiven Medienberichten. Der Ablauf ist meist wie folgt: Ein

Medienbericht zieht die Aufmerksamkeit eines Teils der Öffentlichkeit auf sich, die dadurch aufgerüttelt (bei positiven Ereignissen) oder beunruhigt (bei negativen Ereignissen) wird. Diese Emotionen werden dann selbst zu einer Geschichte, die weitere Medienberichte auslöst, was noch größeren Optimismus (bei positiven Ereignissen) oder Besorgnis (bei negativen Ereignissen) hervorruft. Dieser Kreislauf wird dann gerne von „Verfügbarkeitsunternehmen" (das können Personen oder Organisationen sein) gezielt beschleunigt. Sie arbeiten daran, einen beständigen Fluss an positiven bzw. negativen Nachrichten zu verbreiten und aufrecht zu erhalten. Umso reißerischer die Schlagzeilen, desto mehr wird die Chance bzw. das Risiko überzeichnet. Zusätzlich kommt noch hinzu, dass Menschen die Tendenz haben, Wahrscheinlichkeiten zu vernachlässigen und damit kommt es zu überspitzten Reaktionen, weil die Sachlage meist nicht richtig beurteilt werden kann.

Menschen kaufen bei utopischen Kursen, weil sie „Angst" haben, etwas zu verpassen. „Fear of missing out" (FOMO) ist der Begriff dazu. Auf Deutsch etwa die Angst, Gewinne zu verpassen. Außerdem kann es dazu kommen, dass andere Investoren aus Gier nicht verkaufen, weil ihnen der ohnehin schon hohe Gewinn immer noch zu wenig ist. Was einen weiteren Kursanstieg zur Folge hat. Dann kommt es zum Ende des Hypes. Die ersten nehmen ihre Gewinne mit, was den Aufwärtstrend bremst. Andere Investoren sehen das, haben eventuell Angst, dass sich ihre Gewinne wieder verringern und verkaufen deshalb auch. So kommt es zu einem Kaskadeneffekt und der Kurs bricht ein. Die vorher gemachten Gewinne werden immer geringer. Jetzt kommt die Hoffnung ins Spiel. Einige Investoren denken, dass der Kurs nur kurz einbricht, um dann weiter nach oben zu gehen. Dann passiert es, dass alle Gewinne wieder verloren sind und möglicherweise sogar ein Verlust verzeichnet werden muss.

Zusätzlich kann an der Spitze eines Hypes oder auch im

„normalen“ Marktgeschehen FUD auftreten. FUD steht für „Fear, Uncertainty and Doubt”. Auf Deutsch bedeutet das Angst, Unsicherheit und Zweifel. Meist wird in Sozialen Medien oder anderen Kanälen bei fallenden Kursen Angst verbreitet, was zu Unsicherheit und Zweifel bei den Anlegen führt und diese dann Positionen schließen oder nicht investieren, was einen weiteren Kurseinbruch zur Folge haben kann. Umso größer die Emotionen und umso negativer die Medienberichte umso eher kann sich das Fallen der Kurse verstärken.

Wie erkennt man einen Hype? Einen Hype zu erkennen ist nicht ganz einfach, da uns unsere eigene Gier „blind“ davor macht. Einige Anzeichen dafür, dass wir uns in einem Hype befinden, können sein:

- Viele Medien und Zeitungen schreiben darüber und treiben damit den Hype noch zusätzlich an.
- Es werden täglich neue Kurshöhepunkte und Gewinne erreicht.
- Nichtlinearer Preisanstieg im Preischart.
- Steigendes Handelsvolumen bei steigendem Kurs und maximales Volumen am Preishöhepunkt.
- Personen, die eigentlich nichts mit der jeweiligen Anlageklasse zu tun haben und sich nicht auskennen, kaufen auch.
- Entkopplung von realer Wirtschaft und Kurs.
- Überbewertete Firmen, die weder Umsatz noch Gewinn machen.
- Google Suchanfragen zur jeweiligen Kryptowährung befinden sich auf einem Maximum.
- Anleger haben „Angst“, etwas zu verpassen (Fear of missing out).
- Unsicherheit und FUD wächst, umso höher der Kurs steigt.

Ego-Depletion: Wieso Sie abends keine Investmententscheidungen treffen sollten

Nach unzähligen schlechten Trades und Investitionsentscheidungen begann ich, jeden Trade und jedes Investment, das ich tätigte, sorgfältig in ein Journal zu schreiben. Ich schrieb alle Informationen auf, die zu meiner Investitionsentscheidung führten. Ich dokumentierte, wie ich mich vor dem Eröffnen, während und nach dem Schließen von Positionen fühlte und welche Emotionen ich dabei hatte. Nach einiger Zeit wertete ich alle gesammelten Daten aus und sah, dass die Performance meiner Investitionen, die ich abends tätigte im Durchschnitt schlechter waren als die Positionen, die ich morgens tätigte. Woran lag das? Die Erklärung liegt in der sogenannten „Ego-Depletion".

Die Ego-Depletion (von lateinisch *ego* ‚ich' und neulateinisch *depletio* ‚Aderlass', zu deplere ‚ausleeren'; hier im Sinne von „Selbsterschöpfung") ist die Selbsterschöpfung durch physische, kognitive oder emotionale Anstrengung. Alle diese Tätigkeiten ziehen Energie aus einem Pool. Das Ergebnis ist, dass logische Entscheidungsfindung nach einer Anstrengung schlechter abschneidet. Wenn man erschöpft und hungrig ist, dann sucht man nach der leichteren Lösung für ein Problem und man strengt sich nicht genug an. Auch unsere Fähigkeit zur Selbstkontrolle hängt von unserer Willenskraft ab. Die Willenskraft wird ebenso durch physische, kognitive oder emotionale Anstrengung, welche selbst Willenskraft erfordern, verringert oder gar verbraucht. Daraus ergibt sich, dass wir morgens die volle Energie zur Verfügung haben und Selbsterschöpfung ein Minimum aufweist. Im Laufe des Tages haben wir mit physischen, kognitiven und emotionalen Anstrengungen zu tun, die unseren Pool an Energie allmählich aufbrauchen. Abends ist diese Energie so gut wie verbraucht und wir können keine guten Entscheidungen mehr treffen. Diese Energie, die verbraucht wird, kann mit dem Verbrauch von Glukose im Gehirn in Verbindung gebracht werden. In Tests wurde nachgewiesen, dass bei Menschen, die Aufgaben zur Selbstkontrolle ausführen der Glukosegehalt im Blut und somit im Hirn abnimmt. Die Natur folgt dem Gesetz des geringsten Aufwandes. Dies gilt auch für physische, kognitive oder emotionale Anstrengungen. Das Gesetz besagt folgendes: Wenn es mehrere Wege gibt, ein Ziel zu erreichen, dann wird es den Weg wählen, der mit dem geringsten Arbeitsaufwand verbunden ist. Anstrengung ist in der Ökonomie ein Kostenfaktor und hinter allem steht ein ausgewogenes Kosten/Nutzen Verhältnis. Faulheit ist also tief in unserer Natur verwurzelt. Im Englischen sagt man „To pay attention" wenn man seine Aufmerksamkeit auf etwas richtet. „To pay" bedeutet so viel wie „etwas bezahlen" und das ist passend, denn man verfügt über ein begrenztes Aufmerksamkeits-Budget, welches man auf seine Aktivitäten verteilen kann. Wenn das Budget überschritten ist, kommt es zu schlechten Entscheidungen. Je mehr wir uns anstrengen, desto weniger Energie bleibt für gute Entscheidungen übrig. Auch Stress, wie er oft bei Daytradern vermehrt auftritt, da sie stundenlang vor den Charts sitzen, teilweise in der Nacht zum Traden aufstehen und schlechten oder kurzen Schlaf haben, führt zum Verbrauch der Energie und damit zu schlechten Entscheidungen.

KAPITEL 6: Statistik und Wahrscheinlichkeit

In diesem Kapitel sehen wir uns an

- Basisratenfehler: Warum uns die Vernachlässigung von Wahrscheinlichkeiten Geld kostet
- Verfügbarkeitsfehler: Wir überschätzen, was uns schnell einfällt
- Repräsentativitätsheuristik: Verlassen Sie sich nicht aufs Augenscheinliche
- Nenner-Vernachlässigung: Warum wir Wahrscheinlichkeiten falsch gewichten
- Der Korrelation-Kausalität-Fehler: Jeder, der Wasser trinkt, stirbt
- Konjunktionsfehlschluss: Je genauer die Geschichte, desto unwahrscheinlicher ist sie
- Regressionseffekt: Die Schlechten werden besser werden

Basisratenfehler: Warum uns die Vernachlässigung von Wahrscheinlichkeiten Geld kostet

Menschen sind keine guten intuitiven Statistiker, sogar Statistiker sind keine guten intuitiven Statistiker. Wir tun uns sehr schwer beim Abschätzen von statistischen Werten, da unser System I nicht dafür ausgelegt ist. Die überwiegende Mehrheit beschäftigt sich nicht mit Statistik und Wahrscheinlichkeiten. Jedoch sollten wir uns für rationale Entscheidungen und damit bessere Investment-Entscheidungen zumindest ein Mindestmaß an Statistik aneignen. Dazu zählt, die Wahrscheinlichkeiten nicht zu vernachlässigen. Grundprinzipien zu Statistik und Wahrscheinlichkeiten zu verstehen ist wichtig für

- Schätzung der Eintrittswahrscheinlichkeit von Ereignissen
- Vorhersagen über zukünftige Ereignisse
- Beurteilung von Hypothesen und Abschätzung von Häufigkeiten

Der Basisratenfehler (englisch *Base Rate Fallacy*) ist die Vernachlässigung von statistischen Tatsachen. Eine Basisrate ist die Häufigkeit des Vorkommens eines Merkmals in der Grundgesamtheit. Beispiele dafür sind durchschnittlicher Anteil der Regentage in einem Monat oder die Trefferquote eines Trading-Systems. Zur Veranschaulichung folgendes Beispiel:

Was glauben Sie? Wie hoch ist die Regenwahrscheinlichkeit im November?
Schreiben Sie ihre Antwort auf!

Sie können schätzen, aber ihre Schätzsicherheit wird wesentlich besser, wenn Sie sich statistische Daten der Regentage im November ansehen. In Wien gibt es durchschnittlich 18 Regentage im November. Der November hat 30 Tage. Um die Wahrscheinlichkeit in Prozent auszurechnen verwenden sie folgende Formel:

$$Regenwahrscheinlichkeit\ [\%] = \frac{18}{30/100} = 60\%$$

Sie können sich die Formel wie folgt erklären: Wenn es zu 100 Prozent regnet, dann müsste es 30 Tage durchgehend regnen. Wenn es zu einem Prozent regnet, dividieren Sie einfach 30 Tage durch 100. Ein Prozent sind also 0,3 Tage. Wenn Sie nun die 18 Regentage durch die 0,3 dividieren, erhalten Sie als Ergebnis 60 Prozent. Die Regenwahrscheinlichkeit im November ist also 60 Prozent. Wir sollten uns auch immer die Gegenwahrscheinlichkeit ansehen. Bei einer Regenwahrscheinlichkeit von 60 Prozent muss uns auch bewusst sein, dass es mit einer Wahrscheinlichkeit von 40 Prozent (das entspricht 12 Tagen) nicht regnet! Es ist nicht möglich, dass es mit einer Wahrscheinlichkeit von 50 Prozent oder 70 Prozent nicht regnet, denn die beiden Wahrscheinlichkeiten von Ereignis und Nichtereignis müssen zusammen immer 100 Prozent ergeben.

Wenn wir einfache statistische Tatsachen vernachlässigen, müssen wir auf unsere Schätzungen zurückgreifen. Wie Sie im Laufe des Buches schon gesehen haben, verursacht dies jedoch oft Fehleinschätzungen und Verzerrungen, die sich negativ auf unsere Trading- bzw. Investmententscheidungen auswirken. Deshalb sollten Sie, obwohl es Ihnen anfangs schwerfallen wird, statistische Tatsachen immer in Ihre Investition- und Trading-Entscheidungen einbinden.

Viele Menschen glauben, dass Bitcoin die 20.000 USD schnell wieder erreichen wird. Die statistischen Fakten sind derzeit folgende: In der gesamten (über 10-jährigen) Lebensdauer von Bitcoin erreichte er nur einmal den Wert von knapp 20.000 USD. Statistisch gesehen handelt es sich um einen

Ausreißer.
Einige Beispiele für Basisraten bei Bitcoin könnten sein:

- Wie hoch ist die Wahrscheinlichkeit, dass Bitcoin innerhalb eines Jahres die 5.000 USD, 10.000 USD, 15.000 USD, 20.000 USD erreicht?
- Wie hoch ist die Wahrscheinlichkeit, dass der Bitcoin Preis innerhalb eines Tages um 5 Prozent, 10 Prozent, 15 Prozent, 20 Prozent ansteigt bzw. fällt?
- Wie hoch ist die Wahrscheinlichkeit, dass der Bitcoin Preis innerhalb eines Tages um 500 USD, 1000 USD, 2000 USD steigt oder fällt?
- Wie hoch ist die Wahrscheinlichkeit, dass ein plötzliches, unerwartetes Ereignis auftritt (ein sogenannter Schwarzer Schwan), was zu einem massiven Markteinbruch führt (wie beispielsweise der Kurseinbruch wegen der Corona-Krise)?

Nehmen Sie sich Zeit und schätzen Sie zuerst die Wahrscheinlichkeiten aus der obigen Liste. Danach holen Sie sich die statistischen Daten aus dem Internet und berechnen die Wahrscheinlichkeiten. Vergleichen Sie ihre Schätzungen mit den statistischen Tatsachen. Verwenden Sie die berechneten Wahrscheinlichkeiten als Grundlage für Ihre nächsten Investitionsentscheidungen.

Verfügbarkeitsfehler: Wir überschätzen, was uns schnell einfällt

Der Verfügbarkeitsfehler (englisch *Availability Error*), auch als Verfügbarkeitsheuristik bezeichnet, ist die Tendenz, die Wahrscheinlichkeit von Ereignissen mit höherer "Verfügbarkeit" im Gedächtnis zu überschätzen. Wir suchen also in unserem Gedächtnis nach Informationen und umso mehr (bzw. umso leichter) uns etwas einfällt, umso größer schätzen wir es ein. Die Einflussfaktoren sind: Aktualität der Erinnerung, Ungewöhnlichkeit des Ereignisses und die emotionale Bindung zum Ereignis. Je aktueller, ungewöhnlicher und emotionaler die Informationen sind, desto leichter sind sie abrufbar. Zwei Ursachen dafür, dass Informationen leicht verfügbar sind, sind einerseits eigene Erlebnisse und andererseits häufige Berichte in den Medien. Bei beiden Ursachen spielen auch die eigenen Emotionen eine Rolle. Durch unsere Emotionen, die wir für eine Sache empfinden, kann diese leichter im Gehirn „gespeichert" werden. Die Themenwahl von Journalisten und unsere eigene Verfügbarkeitsheuristik verzerren unsere Schätzungen. Die Bedeutung von etwas wird danach beurteilt, wie leicht (oder schnell) etwas aus dem Gedächtnis abgerufen werden kann und dies wird leicht durch die Menge an Berichten in den Medien bestimmt. Häufig vorkommende Themen, ziehen die Aufmerksamkeit auf sich, während andere meist wichtige Themen aus dem Bewusstsein verschwinden, weil nicht darüber geschrieben wird. Medien und Journalisten berichten darüber, was ihrer Meinung nach die Öffentlichkeit gegenwärtig bewegt. Das Interesse der Öffentlichkeit ist am leichtesten durch dramatische und negative Ereignisse oder Stars und Sternchen geweckt. Mediale Übertreibungen sind weit verbreitet, wohingegen über langweilige, aber wichtige Themen nur wenig geschrieben wird. Medien brauchen Leser, damit sie gegenüber den Werbetreibenden eine Rechtfertigung vorweisen können. Je mehr Leser ein Medium hat, desto mehr Einnahmen können generiert werden. Deshalb müssen Medien über das schreiben, was die meisten Menschen anzieht und das sind meist nicht die wichtigen Themen.

Wir benutzen die Verfügbarkeitsheuristik oft unbewusst, wenn die Wichtigkeit oder die Wahrscheinlichkeit eines Ereignisses geschätzt werden muss, wir uns aber nicht die Zeit nehmen oder uns schlicht die Motivation, der Wille oder die Möglichkeiten fehlen, auf präzise (z.B. statistische) Daten zurückzugreifen. In solchen Fällen wird unser Urteil davon beeinflusst, wie schnell bzw. wie leicht wir uns an Ereignisse erinnern. Je leichter oder schneller wir uns an etwas erinnern, desto wahrscheinlicher beurteilen wir dieses Ereignis. Im Gegensatz dazu schätzen wir Ereignisse, an die wir uns nur schwer erinnern, als unwahrscheinlicher ein. Beispiele für Verfügbarkeitsfehler sind:

- Menschen nehmen den Zug, weil im letzten Monat ein Flugzeug abgestürzt ist. Das ist ein Verfügbarkeitsfehler, denn an dem Risiko beim Fliegen hats sich nichts geändert.
- Die Medien berichten kaum über Schadstoffe in der Luft, deshalb unterschätzen wir deren Risiken.
- Wir überschätzen die Risiken eines Virus, weil die Medien andauernd darüber berichten.
- In Projekten kann es zu Konflikten kommen, wenn jemand seinen Beitrag zum Projekt nicht genügend wertgeschätzt bekommt. Der Verfügbarkeitsfehler führt zu einer Überschätzung der eigenen Mitarbeit, weil man sich daran am leichtesten erinnern kann. Andererseits können wir uns an die Mitarbeit der Kollegen nicht so leicht erinnern und wir unterschätzen deren Anteil am Projekt.

Wir erinnern uns an den Bitcoin-Hype im Dezember 2017, bei dem Bitcoin fast die 20.000 USD erreicht hatte. Dieses Ereignis ist leicht in unseren Köpfen abrufbar, das bedeutet, dass wir die Wahrscheinlichkeit, dass der Kurs wieder 20.000 USD erreicht, tendenziell überschätzen. Im Gegensatz dazu erinnert sich kaum jemand mehr an den Bitcoin-Hype Ende November 2013, bei dem Bitcoin das erste Mal die 1000 USD Marke überschritten hatte. Je nachdem ob manche Menschen zu den Zeitpunkten investiert waren und Gewinne oder Verluste gemacht haben, werden sie sich je nach emotionaler Intensität, die sie erlebt haben (Frust, Ärger, Reue bei Verlusten oder Freude bei Gewinnen) besser oder schlechter daran erinnern.

Der Verfügbarkeitsfehler verzerrt also unsere rationale Sicht auf gute und schlechte Investitionen. Wer beispielsweise eine schlechte Investition getätigt hat und Geld verloren hat, wird sich eher daran erinnern, weil der Verlust mit den negativen Emotionen „besser" in unserem Gehirn haften bleibt als die positiven Emotionen bei Gewinnen. Der Verfügbarkeitsfehler sorgt deshalb dafür, dass wir uns eher an die Verlust-Investitionen erinnern als an die gewinnbringenden. Zusätzlich mit der Verlustangst kann dies sogar soweit führen, dass Menschen, aus Angst wieder Verluste zu machen, überhaupt nicht mehr investieren. Vorsicht ist auch geboten bei mehreren erfolgreichen Investitionen oder Trades in Folge. Der Verfügbarkeitsfehler sorgt dafür, dass Sie sich nicht so leicht an ihre Misserfolge erinnern und macht Sie übertrieben optimistisch, was zu Fehleinschätzungen der eigenen Fähigkeiten führen kann.

Repräsentativitätsheuristik: Verlassen Sie sich nicht aufs Augenscheinliche

Die Repräsentativitätsheuristik (englisch *Representativeness Heuristic*) wird verwendet, um die Wahrscheinlichkeit eines Ereignisses unter Unsicherheit zu beurteilen. Sie ist eine Heuristik, bei der Entscheider die Eintrittswahrscheinlichkeit von Ereignissen höher einschätzen, wenn diese die zugrunde liegende Grundgesamtheit besser repräsentieren. Wenn Menschen sich auf Repräsentativität verlassen, um Urteile zu fällen, urteilen sie wahrscheinlich falsch, weil die Tatsache, dass etwas repräsentativer ist, es nicht wahrscheinlicher macht. Beispielsweise wird bei einem Münzwurf die Folge Kopf-Zahl-Kopf-Zahl als wahrscheinlicher eingeschätzt als die Folge Zahl-Zahl-Zahl-Zahl.

Die Repräsentativitätsheuristik kann zu überschätzten Wahrscheinlichkeitsurteilen führen, wenn Personen sich durch konkrete (repräsentative) Einzelinformationen in ihren

Urteilen stärker beeinflussen lassen als von Basisraten oder Basiswahrscheinlichkeiten.
Die Heuristik wurde erstmals von Kahneman und Tversky beschrieben. Im sogenannten „Linda-Problem“ legten sie Probanden eine Beschreibung einer Frau namens Linda dar. In der Beschreibung stand vieles über Emanzipation und Lindas Tätigkeit als Frauenrechtlerin. Die Probanden wurden gefragt, ob Linda eine „Bankangestellte“ oder eine „Bankangestellte und Feministin“ sei. Der Großteil der Probanden schätzten die Wahrscheinlichkeit, dass Linda „Bankangestellte und Feministin“ sei, höher ein. Dies ist jedoch falsch, denn die Wahrscheinlichkeit für das Auftreten von zwei Ereignissen (Linda ist Bankangestellte und Linda ist Feministin) kann nicht größer sein als die Wahrscheinlichkeit, dass eines der beiden Ereignisse (Linda ist Bankangestellte) alleine eintritt. Selbst wenn alle Bankangestellten Feministinnen sind, wären die beiden Wahrscheinlichkeiten gleich groß.

Beispiel zu Schätzungen von Körpergrößen von Männern:

Es gibt zwei Stichproben. Eine mit zehn und die zweite mit 1000 Messungen. Sie wissen, dass die Männer, die aus der Stichprobe gemessen wurden, durchschnittlich 1,70 Meter groß sind.

Wie wahrscheinlich ist es, dass der jeweilige Durchschnitt der beiden Stichproben exakt 1,70 Meter beträgt? Schreiben sie ihre Antwort auf!

Eine Implikation der Repräsentativitätsheuristik ist, dass Menschen den Stichprobenumfang vernachlässigen. Die meisten Menschen geben im obigen Beispiel für beide Stichproben dieselbe Wahrscheinlichkeit an. Dies ist jedoch ein Irrtum, da die Wahrscheinlichkeit, dass die Stichprobe mit der höheren Anzahl an Messungen exakt 1,70 Meter beträgt höher ist. Der Mittelwert einer Stichprobe nähert sich mit steigenden Messungen an den Erwartungswert (1,70 Meter) an. Vergleichen Sie dies mit dem Münzwurfexperiment. Wenn

Sie eine Münze nur ein paar Mal werfen, kann es sein, dass sie durchgehend Kopf oder Zahl werfen, obwohl die Wahrscheinlichkeit dafür 50 Prozent betragen müsste. Erst wenn sie die Münze sehr oft werfen, wird sich die Anzahl für Kopf und Zahl annähernd ausgleichen und am Ende nahezu 50% betragen.

Nenner-Vernachlässigung: Warum wir Wahrscheinlichkeiten falsch gewichten

Nenner-Vernachlässigung (englisch *Denominator Effect*) bedeutet, dass Ereignisse mit niedriger Wahrscheinlichkeit viel stärker gewichtet werden, wenn sie in Kategorien von relativen Häufigkeiten („Wie viele", z.B. 1 von 100.000 Kindern) beschrieben werden, als wenn sie in abstrakten Begriffen wie Chancen, Risiken oder Wahrscheinlichkeiten („Wie wahrscheinlich", z.B. 0,001%) ausgedrückt werden.

Beispiel: Zwei Urnen
Zwei Urnen sind mit roten und weißen Kugeln gefüllt. Wenn Sie eine rote Kugel ziehen, gewinnen Sie einen Preis. Urne A enthält 10 Kugeln, davon ist eine rot. Urne B enthält 100 Kugeln, davon sind 8 rot.

Welche Urne nehmen Sie? Schreiben Sie ihre Antwort auf!

Interessant an diesem Versuch ist, dass ca. 35 Prozent der Befragten die Urne mit der größeren Anzahl nehmen, anstatt die mit der größeren Gewinnchance. Die Gewinnchancen liegen bei 10 Prozent (=1/10) in Urne A und bei 8 Prozent (=8/100) in Urne B. Dies kommt daher, dass die Aufmerksamkeit auf die gewinnträchtigen roten Kugeln gelegt wird und die Anzahl der weißen Kugeln nicht sorgfältig genug berücksichtigt wird. Diese anschaulichen Beispiele tragen dazu bei, den Nenner zu vernachlässigen (also die weißen Kugeln nicht zu berücksichtigen).
Beispiel zur Darstellung von Risiken:

Darstellung 1: Das Risiko für eine dauerhafte Behinderung beim Impfen von Kindern beträgt 0,001 Prozent.
Darstellung 2: Eines von 100.000 Kindern wird durch die Impfung behindert sein.

Welche Darstellung ruft bei Ihnen stärkere Emotionen hervor? Schreiben Sie ihre Antwort auf!

Das Risiko in Darstellung 1 wirkt klein, wobei in der anschaulicheren Darstellung 2 ein Bild im Kopf hervorgerufen wird. Dies passiert jedoch bei der ersten Aussage nicht. Die 99.999 Kinder werden ausgeblendet, da wir der Nenner-Vernachlässigung unterliegen.

Ein weiteres Beispiel: Betrachten Sie folgende vier Formulierungen:

a) In der USA werden jährlich etwa 1000 Morde von psychisch schwer kranken Menschen begangen, die ihre Medikamente nicht einnehmen.
b) Von 273 Millionen Amerikanern werden in diesem Jahr 1000 auf diese Weise umkommen.
c) Die Wahrscheinlichkeit durch eine solche Person umgebracht zu werden, beträgt auf ein Jahr bezogen etwa: 0,00036%.
d) Jedes Jahr werden 1000 Amerikaner auf diese Weise umkommen, weniger als ein dreißigstel der Anzahl der Menschen die durch Suizid sterben und ein Viertel der Anzahl der Menschen, die an Kehlkopfkrebs sterben.

Obwohl die Information in allen 4 Darstellungen die gleiche ist, reagieren wir emotional anders darauf. Das bedeutet, dass wir hier dem vorher schon erwähnten Framing-Effekt unterliegen. Je nachdem, wie die Zahlen dargestellt sind, reagieren wir emotional anders darauf. Dies ist kein rationales Verhalten und führt wahrscheinlich zu Fehlentscheidungen.

Der Korrelation-Kausalität-Fehler: Jeder, der Wasser trinkt, stirbt

Alle Menschen, die Wasser trinken, sterben. Die Korrelation ist gegeben, da alle Menschen Wasser trinken und auch alle irgendwann sterben. Die Kausalität, dass Menschen durch Wasser trinken sterben ist klarerweise nicht gegeben. Das ist der Korrelation-Kausalität-Fehler.

Der Korrelation-Kausalität-Fehler (auch Fehlschluss von Korrelation auf Kausalität, lateinisch *Cum hoc ergo propter hoc*) passiert, wenn man reine Korrelation mit Kausalität verwechselt. Die Korrelation beschreibt einen Zusammenhang von zwei oder mehreren Werten. Sie wird in der Mathematik mit „r" bezeichnet. Die Korrelation ist immer ein Wert zwischen -1 und 1. Dabei bedeutet r=-1, dass die zwei Werte sich gegengleich Verhalten. Z.B. Bitcoin steigt und Ethereum sinkt im gleichen Maße dann wäre das eine Korrelation von r=-1. Eine Korrelation von r=1 bedeutet, dass sich die beiden Werte gleich Verhalten. Z.B. Bitcoin steigt und Ethereum steigt im gleichen Maße, dann wäre die Korrelation r=1. Eine Korrelation von r=0 bedeutet, dass die beiden Werte keine gemeinsamen Eigenschaften haben. Z.B. Die Kurse von Bitcoin und Ethereum bewegen sich unabhängig voneinander. Kausalität bedeutet, dass der eine Wert den anderen verursacht. Dies ist dem Ursache-Wirkung Prinzip gleichzusetzen: Wenn die Pizza zu lange im Ofen ist, wird sie verbrennen. Beispiel: Wenn Bitcoin und Ethereum steigen und wir wissen, dass Ethereum deshalb steigt, weil Bitcoin das verursacht, dann können wir sagen, dass hier eine Kausalität vorliegt.

Das Problem ist folgendes: Nur weil zwei Werte eine Korrelation aufweisen bedeutet das nicht, dass auch Kausalität vorliegt. Korrelation bedeutet also nicht immer Kausalität. Dies nennt sich Scheinkorrelation. Zur

Veranschaulichung folgendes Beispiel: Im Sommer steigen die Eisumsätze sowie die Anzahl der Sonnenbrände. Sie korrelieren. Heist das, dass Eis essen das Sonnenbrandrisiko erhöht? Klarerweise handelt es sich hier um eine Scheinkorrelation. An sonnigen Tagen steigt die Wahrscheinlichkeit, dass Menschen Eis essen und es steigt die Wahrscheinlichkeit Sonnenbrand zu bekommen. Eis essen ist klarerweise nicht die Ursache von Sonnenbrand. Auf der Webseite „Spurious Correlations“[3] finden Sie eine ganze Sammlung absurder Scheinkorrelationen.

Beispiel: Bitcoin Halving

Weit verbreitet ist, dass es eine Korrelation zwischen dem Bitcoin Halving und dem darauffolgenden positiven Kursausbruch von Bitcoin gibt. Bisher gab es zwei Bitcoin Halvings, das erste im November 2012 und das zweite im Juli 2016. Nach dem Halving kam es immer zu einem deutlichen Anstieg des Bitcoin Preises. Der Preisanstieg korreliert also mit dem Halving-Event. Ob das Halving auch wirklich den Anstieg auslöst (Kausalität), konnte bis jetzt nicht eindeutig geklärt werden. Offensichtlich hat der Zufall wieder seine Finger im Spiel. Korrelation ist also nicht immer gleich Kausalität. Wenn Korrelation entdeckt wird, wird häufig auch Kausalität vermutet, wo es aber keine gibt. Kausalität ist jedoch Voraussetzung, um einen Sachverhalt richtig zu beurteilen.

Beispiel: Google Trends und Bitcoin Kurs

Besuchen Sie die Google Trends Webseite[4] und geben sie „Bitcoin“ ins Suchfeld ein. Wenn sie das Suchergebnis mit dem Bitcoin Preis vergleichen, sehen sie, dass die beiden Kurven korrelieren.

Die Frage ist nun: Verursacht die Google Suche nach Bitcoin einen Preisanstieg oder steigen die Google Suchanfragen, wenn der Bitcoin-Kurs steigt? Schreiben Sie ihre Antwort auf!

---

[3] http://www.tylervigen.com/spurious-correlations

[4] https://trends.google.de/trends/

Tatsächlich ist es so, dass der steigende Bitcoin-Kurs die Medienaufmerksamkeit erhöht. Durch die steigende Anzahl an Medienberichten erhöht sich auch das Interesse an Bitcoin und die Google Suchanfragen steigen.

Konjunktionsfehlschluss: Je genauer die Geschichte, desto unwahrscheinlicher ist sie

Betrachten Sie folgende Beispiele:

Beispiel 1: Was ist wahrscheinlicher?

a) Eine gewaltige Flutkatastrophe, bei der mehr als 1000 Menschen umkommen

b) Ein Erdbeben, das eine Flutkatastrophe verursacht, bei der mehr als 1000 Menschen umkommen

Schreiben Sie ihre Antwort auf!

Beispiel 2: Was ist wahrscheinlicher?

a) Der Bitcoin Kurs sinkt von 10.000 USD auf 5.000 USD

b) Schlechte Nachrichten verbreiten sich und der Bitcoin Kurs sinkt von 10.000 USD auf 5.000 USD

Schreiben Sie ihre Antwort auf!

Als Fehlschluss (lateinisch *fallacia*) wird bezeichnet, wenn Menschen eine logische Regel, die relevant ist, nicht anwenden. Der Konjunktionsfehlschluss ist der Fehler den Menschen begehen, wenn sie Verknüpfungen zweier Ereignisse im direkten Vergleich wahrscheinlicher beurteilen, als eines der Ereignisse. Je detaillierter man ein Ereignis beschreibt bzw. je ausführlicher Szenarien sind, umso überzeugender klingen sie, aber desto geringer wird deren Wahrscheinlichkeit. Das Problem löst einen Konflikt zwischen der Logik der Wahrscheinlichkeit und der Intuition der Repräsentativität aus. In den obigen Beispielen klingt b) wahrscheinlicher, weil es die plausiblere Geschichte ist. Die Wahrscheinlichkeit jedoch ist geringer als bei Antwort a). Das Beispiel 1 wurde in einer Studie gestellt. Die Wahrscheinlichkeitseinschätzungen für die detailliertere Geschichte b) waren höher, obwohl dies der Logik widersprach. Prinzipiell verstießen in Studien zum Konjunktionsfehlschluss 89 Prozent der getesteten Personen gegen die Logik der Wahrscheinlichkeit. Auch bei Probanden, die mehrere Statistikvorlesungen besucht hatten, lag der Prozentsatz immer noch bei 85 Prozent. Die Geschichte bei Beispiel 2, dass schlechte Nachrichten den Kurs fallen lassen, ist naheliegender als das der Kurs einfach so fällt. Deshalb begehen wir in solchen oder ähnlichen Situationen einen Konjunktionsfehlschluss und glauben, dass die Wahrscheinlichkeit von b) größer sein müsse.

Betrachten Sie weiters folgende Beispiele:

Beispiel 3: Was ist wahrscheinlicher?

a) Romeo hat Haare
b) Romeo hat blondes Haar

Schreiben Sie ihre Antwort auf!

Beispiel 4: Was ist wahrscheinlicher?

a) Julia ist eine Lehrerin
b) Julia ist eine Lehrerin und fährt mit dem Rad zur Arbeit

Schreiben Sie ihre Antwort auf!

Diese beiden Beispiele haben die gleiche logische Struktur wie die vorherigen, jedoch erzeugen sie keinen Fehlschluss. Der Grund dafür ist, dass die detailliertere Aussage nur detaillierter ist und nicht plausibler oder zusammenhängender (kohärenter) oder eine bessere Geschichte. Wir Menschen beurteilen die Plausibilität und die Kohärenz, anstatt uns zu fragen, was die Wahrscheinlichkeit dahinter wäre. Die Logik setzt sich durch, wenn keine konkurrierenden, intuitiven Schätzungen vorhanden sind (wie im Beispiel 3 und 4). Um die Logik der Wahrscheinlichkeiten zu verstehen, sollten wir in Mengendiagrammen denken.

Sehr oft hören oder sehen wir in den Nachrichten ausführliche Geschichten im Zusammenhang mit Kursanstiegen und Kurseinbrüchen. Je ausführlicher und plausibler eine Geschichte ist, desto unwahrscheinlicher ist sie. Paradoxerweise sind wir aber dazu geneigt, genau diese Geschichten als wahrscheinlicher anzusehen, weil sie plausibler klingen. Zusätzlich kommt dazu, dass es oft auch zu Korrelation-Kausalität-Fehlern kommt. Aus diesen Gründen müssen Sie sehr vorsichtig sein, wenn Sie anhand von Nachrichten Investitionsentscheidungen treffen.

Regressionseffekt: Die Schlechten werden besser werden

Wir vergleichen zwei Tennisspieler. Der eine war am ersten Tag außerordentlich gut. Das deutet darauf hin, dass ein guter Spieler Glück hatte. Man kann davon ausgehen, dass er auch am zweiten Tag eine eher gute Leistung haben wird, jedoch weniger erfolgreich als am ersten Tag, da das Glück nicht anhält. Der zweite Tennisspieler hatte eine überdurchschnittlich schlechte Leistung. Ihn verfolgte das Pech. Er wird am zweiten Tag eine bessere Leistung haben, da das Pech vermutlich nicht anhält. Die beste Vorhersage, die wir treffen können, ist, dass die Leistungen an Tag zwei mittelmäßiger, also näher am Durchschnitt liegen werden als an Tag eins. Außergewöhnliche Leistungen werden zurückgehen, schlechte Leistungen werden besser. Dies nennt sich Regression zur Mitte oder auch Regressionseffekt (englisch *Regression toward the mean*). Je extremer der ursprüngliche Wert ist, desto mehr Regression erwarten wir, weil ein extremer Wert darauf hindeutet, dass mehr Glück im

Spiel war. Dies gilt dann, wenn der Zufall einen Einfluss auf den Messwert hat und wenn die beiden Messungen korrelieren. Korrelation und Regression sind keine getrennten Konzepte, sie sind unterschiedliche Perspektiven auf das gleiche Konzept. Die Regel ist einfach: Immer, wenn zwei Messwerte nicht perfekt miteinander korrelieren, kommt es zu einer Regression zum Mittelwert. Dieser Effekt ist intuitiv nicht einfach zu verstehen. Wir Menschen suchen immer nach einer kausalen Erklärung und kommen mit reiner Statistik nicht zurecht. Wenn unsere Aufmerksamkeit auf ein außergewöhnliches Ereignis gelenkt wird, sucht unser Gedächtnis nach der Ursache. Kausale Erklärungen werden abgerufen, wenn eine Regression erkannt wird. Die Erklärungen sind jedoch falsch, weil die Regression zum Mittelwert eine Erklärung, aber keine Ursache hat.

Betrachten Sie folgendes Beispiel:
Wenn eine Aktie über ein Jahr besser ist als der Markt, dann kaufen Anleger diese Aktie, weil sie glauben, sie sei dem Markt überlegen. Schneidet eine Aktie schlechter ab als der Markt, dann suchen die Anleger nach einem Grund in der Schwäche der Aktie. Häufig erweisen sich jedoch Anstieg und Abfall einer Aktie als Zufallsschwankung. Die Regression zum Mittelwert führt dazu, dass hohe Werte wieder abfallen und niedrige wieder ansteigen. Es konnte nachgewiesen werden, dass der Ankauf von Aktien, die besser waren als der Markt über 15 Jahre zu einem Gewinn von 95% führten. Der Ankauf von Aktien, die schlechter waren als der Markt, führte zu einem Gewinn von 330%. Der Markt selbst erreichte im selben Zeitraum einen Gewinn von 550%.

Intuitiv neigen Menschen dazu, von positiven Ergebnissen auf positive Eigenschaften und von negativen Ergebnissen auf negative Eigenschaften zu schließen. Das Prinzip der Regression verlangt aber das genaue Gegenteil. Je extremer ein Wert ausfällt, desto wahrscheinlicher ist es, dass der wahre Wert weniger extrem ist und näher am Durchschnitt liegt.

Sehr hohe Werte stellen eine Überschätzung dar, sehr niedrige Werte stellen eine Unterschätzung dar. Bei mittleren Werten sind Fehler in beide Richtungen gleich wahrscheinlich. Jeder hohe Wert hat das Potential zum Sinken und jeder niedrige Wert hat das Potential zum Steigen.

Wenn wir uns den derzeitigen Bitcoin-Chart ansehen, dann sehen wir sofort einen Extremwert, das All-Time-High von Dezember 2017 mit knapp 20.000 USD. Dies ist ein Extremwert und stellt wahrscheinlich eine Überschätzung dar. Die Regression zum Mittelwert führt dazu, dass sich der Kurs wieder dem Mittelwert nähert. Genau das ist der Fall, wie wir im Chart sehen können.

KAPITEL 7: Prinzipien für erfolgreiches Investieren

In diesem Kapitel geht es um

- Warum uns einfache Regeln zu besseren Investoren machen
- Treffen Sie rationale Entscheidungen
- Vermeiden Sie Denkfehler
- Vertrauen sie keinen Experten
- Kontrollieren Sie ihre Emotionen
- Führen Sie ein Journal
- Berechnen Sie Erwartungswerte
- Etablieren Sie die Bayes'sche Denkweise
- Nutzen Sie die Prä-Mortem Methode
- Nutzen sie Hypothesentests
- Verhalten bei Crash und Hype

Warum uns einfache Regeln zu besseren Investoren machen

Bei klinischen Vorhersagen wissen wir schon länger, dass ein Algorithmus dem Menschen überlegen ist. Bei 60 Prozent der Studien bewiesen sich die Algorithmen als treffgenauer als der Mensch. Die anderen 40 Prozent ergaben ein unentschieden, was jedoch ein Sieg für die Statistik ist, da sie viel günstiger ist als das Urteil von Experten. In den Studien wurde nachgewiesen, das einfache statistische Berechnungen die Experten übertreffen. Die Gründe, warum Experten den Algorithmen unterlegen sind liegen darin, dass Experten besonders schlau sein wollen, unkonventionell denken und bei ihren Vorhersagen komplexe Kombinationen von Merkmalen berücksichtigen. Unglücklicherweise jedoch verringert Komplexität im Allgemeinen die Prognosegenauigkeit. Nur in ungewöhnlichen Fällen hilft die Komplexität.

Viele Studien haben gezeigt, dass menschliche Entscheidungen einer einfachen Vorhersage-Formel unterlegen sind, selbst wenn man ihnen das Ergebnis der Formel mitteilt. Dies liegt darin, weil sie glauben, sie könnten bessere Ergebnisse liefern als die Formel, weil sie zusätzliche Informationen besitzen. Damit liegen sie aber meistens falsch. Ein weiteres Problem von Experten-Urteilen liegt darin, das Menschen bei der Urteilsbildung aufgrund komplexer Informationen leider inkonsistent sind. Sie geben oft unterschiedliche Antworten, wenn sie dieselben Informationen zwei Mal beurteilen. Dies gibt Grund zur Sorge, denn unzuverlässige Urteile erlauben keine gültigen Vorhersagen! Viele äußerliche und innerliche Einflüsse haben bei uns Menschen einen Einfluss auf unser Urteil. Algorithmen und Formeln leiden nicht unter diesem Problem. Bei gleichem Input geben sie immer das gleiche Ergebnis aus.

In den folgenden Kapiteln geht es genau um diese einfachen

Regeln in Form von Prinzipien (von lat. *principium* = Anfang, Beginn, Ursprung, Grundsatz). Sie sind aus den vergangenen Kapiteln abgeleitet und zusammengefasst. Wenn Sie sich an diese Prinzipien halten, werden Sie rationale Entscheidungen treffen und unbewusste Denkfehler vermeiden. Beides wird Ihren Erfolg beim Investieren positiv beeinflussen.

Treffen Sie rationale Entscheidungen

Sehen Sie sich folgendes Beispiel an:

Entscheidung 1: Wählen Sie zwischen:

a) *Ein sicherer Gewinn von 240 USD*
b) *Eine 25 prozentige Chance, 1000 USD zu gewinnen und eine 75 prozentige Chance, nichts zu gewinnen*

Was wählen Sie? Schreiben Sie Ihre Antwort auf!

Entscheidung 2: Wählen Sie zwischen:

c) *Ein sicherer Verlust von 750 USD*
d) *Eine 75 prozentige Chance, 1000 USD zu verlieren und eine 25 prozentige Chance, nichts zu verlieren*

Was wählen Sie? Schreiben Sie Ihre Antwort auf!

Dieses Beispiel gibt Aufschluss über rationale Entscheidungen. Beim schnellen Überfliegen fühlen sich die meisten Menschen bei Entscheidung 1 zu a) und bei Entscheidung 2 zu d) hingezogen, da wir die meisten schnellen Entscheidungen mit unserem System I fällen. Menschen neigen dazu, im Bereich von Gewinnen risikoscheu zu sein und im Bereich von Verlusten risikofreudig. In einer Umfrage wählten 73% die Optionen a) in Entscheidung 1 und d) in Entscheidung 2. Nur 3% präferierten die Kombination b) in Entscheidung 1 und c) in Entscheidung 2.

Betrachten Sie nun folgendes Beispiel:

ad) Eine 25 prozentige Chance, 240 USD zu gewinnen und eine 75 prozentige Chance, 760 USD zu verlieren.
bc) Eine 25 prozentige Chance, 250 USD zu gewinnen und eine 75 prozentige Chance, 750 USD zu verlieren.

Für welche der beiden Varianten würden Sie sich entscheiden? Schreiben Sie Ihre Antwort auf!

Die Wahl ist leicht, da die Option bc) besser ist als ad). Bei bc) gewinnt man mehr und verliert weniger als bei ad). Die Option bc) ist jedoch genau die Kombination aus dem vorigen Beispiel, die nur 3% der Befragten präferierten, wobei die schwächere Option ad) von 73% der Befragten gewählt wurde.

Wie man sieht, kann man Entscheidungsprobleme so zerlegen bzw. umbauen, dass Menschen sich für die schlechtere Variante entscheiden. Jede Wahl, die in „Gewinnen" und „Verlusten" formuliert ist, lässt sich auf viele unterschiedliche Weisen zerlegen, sodass sie wahrscheinlich inkonsistente Wahlergebnisse liefern. Man sieht auch, dass es kostspielig ist, wenn man bei Gewinnen risikoscheu und bei Verlusten risikofreudig ist. Durch diese Verhaltensweisen sind Menschen bereit, eine Prämie zu zahlen, um einen sicheren Gewinn zu erhalten, anstatt sich auf das Glücksspiel einzulassen. Außerdem sind sie bereit, auch eine Prämie auf den Erwartungswert zu zahlen, um einen sicheren Verlust zu vermeiden. Da beide Zahlungen aus der selben Tasche kommen, ist es suboptimal, wenn beide Arten von Problemen gleichzeitig auftreten. Nicht-rationale Menschen neigen zu einer engen Einrahmung, da sie wegen der WYSIATI-Regel dazu neigen, nur die jeweils aktuell verfügbaren Informationen zu berücksichtigen und mentale Anstrengungen vermeiden (Nicht-Aktivierung von System II). Deshalb treffen wir Entscheidungen tendenziell in dem

Maße, wie einzelne Probleme auftreten, selbst wenn wir aufgefordert werden, sie gemeinsam zu betrachten.

Vermeiden Sie Denkfehler

Machen Sie sich bewusst, dass es Denkfehler gibt und dass wir ihnen unterliegen. Unser Gehirn wird alles dafür tun, damit Sie ihm nicht auf die Schliche kommen. Deshalb ist es wichtig, sich die Denkfehler und die Prinzipien daraus im Laufe der Zeit immer wieder vor Augen zu führen, damit Sie sie verinnerlichen können.

Prinzipien zu den zwei Systemen

Glauben Sie nicht ihrer ersten, intuitiven Antwort auf eine Frage (System I Fehler). Fragen Sie sich: Was müssen Sie wissen, um eine gute Antwort auf eine Frage zu geben?

Handeln sie nicht voreilig und ohne nachzudenken (Heuristik). Aktivieren Sie Ihr System II.

Prinzipien zur WYSIATI-Regel

Machen Sie sich bewusst, dass Sie der WYSIATI-Regel beim Investieren unterliegen und nur die aktuell im Gehirn verfügbaren Informationen verarbeiten.

Aktivieren Sie ihr System II und suchen Sie gezielt nach weiteren und gegenteiligen Informationen, bevor Sie sich Ihr Urteil bilden.

Seien Sie sich bewusst, dass Sie bei der Urteilsbildung möglicherweise unsicherer werden, wenn Sie mehr Informationen haben.

Führen Sie ein Journal. Damit können Sie sich vergangene Situationen oder Ereignisse wieder ins Gedächtnis rufen und somit eine vollständigere Geschichte erstellen.

Prinzipien zum Rückschaufehler

Die einzige Möglichkeit ihn zu vermeiden ist, alle Faktoren und die Gründe, die zu einer Investitions-Entscheidung führten, ausführlich zu dokumentieren. Sie sollten deshalb ein Journal schreiben. Sie schreiben alle Nachrichten, Fakten, Gedanken und Emotionen auf, wenn Sie eine Investition tätigen. Da Sie alles genauestens dokumentieren, können Sie zu einem späteren Zeitpunkt einfach nachsehen und somit den Rückschaufehler vermeiden.

Prinzipien zum Ergebnisfehler

Wie beim Rückschaufehler schreiben Sie alle Informationen und Emotionen, die zu einer Investition geführt haben in ihr Journal.

Beurteilen Sie eine Investition immer zum Zeitpunkt der Entscheidung und nicht am Ende, nachdem Sie das Ergebnis kennen.

Prinzipien zum Bestätigungsfehler

Hinterfragen Sie kritisch Ihre Grundeinstellung. Nehmen Sie einen Gegenteiligen Standpunkt ein.

Suchen und wählen Sie gezielt Informationen, die Ihrer Grundannahme über die Geschehnisse am Markt widersprechen.

Seien Sie bei der Interpretation der Informationen achtsam. Aktivieren Sie Ihr System II, um nicht in Richtung Ihrer Grundannahmen zu interpretieren.

Holen Sie sich Feedback von Mentoren oder anderen Investoren, die einen gegenteiligen Standpunkt vertreten.

Prinzipien zur Muster-Illusion

Seien Sie sich bewusst, dass wir nicht erkennen, wie zufällig entstandene Muster aussehen können (siehe Münzwurf-Experiment).

Machen Sie sich bewusst, dass unser menschliches Hirn immer nach Mustern sucht und auch findet, obwohl es keine gibt.

Trauen Sie keinen Mustern bei der technischen Analyse im Preischart.

Bedenken Sie, dass unterschiedliche Menschen unterschiedlichen Mustern unterschiedliche Bedeutungen zuschreiben.

Prinzipien zum Sunk-Cost-Effekt

Anschaffungskosten (also Kaufpreis einer Kryptowährung) sind Sunk-Costs und dürfen beim Verkauf nicht beachtet werden. Nur das zukünftige Entwicklungspotential der Investition zählt.

Sollten Sie viel Zeit in die technische Analyse (wie beispielsweise „Ichimoku Kinko Hyo", Candelstick Patterns usw.) oder fundamentale Analyse investiert haben und jedoch nicht die gewünschten Resultate erhalten, sollten Sie prüfen, inwieweit eine weitere Investition sinnvoll ist.

Prinzipien zum Besitztumseffekt

Machen Sie sich bewusst, dass es den Besitztumseffekt gibt und dass er auf unerfahrene Händler stärker wirkt.

Seien Sie sich bewusst, dass bei unerfahrenen Händlern beim Kauf von Kryptowährungen bei zu hohem Preis sich das „Unlust Gefühl" verstärkt, wenn der Verkaufspreis unter dem Anschaffungspreis liegt.

Als erfahrener Händler müssen Sie Kryptowährungen als Handelsgut verstehen. Fragen Sie sich, wie sehr wollen Sie diese Kryptowährung besitzen im Vergleich zu anderen Investitionen, die Sie stattdessen haben könnten.

Prinzipien zur Optimismus-Verzerrung

Wenn Sie bei besonders guter Laune sind, müssen Sie besonders sorgfältig sein. Ihr System II ist schwächer als gewöhnlich.

Nutzen sie den Ideomotorischen Effekt, um „ernster“ zu werden und damit nicht zu überschätzen.

Wenn Sie grundsätzlich zu Optimismus neigen, seien Sie eher etwas pessimistischer bei Ihren Schätzungen.

Seien Sie ein „Hyper-Realist“ und nehmen Sie auch kleine Risiken ernst.

Vergleichen Sie sich mit dem Durchschnitt der Menschen, um der Verzerrung entgegenzuwirken.

Nutzen Sie vergangene Eintragungen in Ihrem Journal, um realistischere Vorhersagen zu machen.

Prinzipien zum Planungsfehlschluss

Bedenken Sie, dass es zum Planungsfehlschluss kommen kann und dass Zeitpläne und/oder Kosten überschritten werden.

Dokumentieren Sie. Sie können es später für bessere Schätzungen verwenden.

Seien Sie bei Schätzungen pessimistischer als normal.

Versetzen Sie sich in eine Dritte Person und nutzen Sie die Außensicht auf eine Problemstellung.

Prinzipien zum Ankereffekt

Liquidität in Form von Orders (Limit, Stop Loss, Take Profit,…) sammeln sich vermehrt bei markanten Ankern.

Um dem Ankereffekt nicht zu unterliegen, machen Sie sich bewusst, dass Sie womöglich durch Anker beeinflusst sind und fragen Sie sich, wie Ihre Antwort ohne Anker aussehen würde.

Bei Aussagen von Freunden, Experten oder Gurus denken Sie daran, dass auch Sie dem Ankereffekt unterliegen und den Effekt aber nicht kennen.

Prinzipien zum Priming Effekt

Seien Sie sich bewusst, dass Sie mehrmals täglich unterbewusst geprimed werden und Sie selbst auch andere unterbewusst primen.

Primen Sie sich selbst auf „Erfolg".

Nutzen Sie den ideomotorischen Effekt, um Ihre Stimmung zu beeinflussen.

Prinzipien zum Mere-Exposure-Effekt

Sie müssen sich bewusst machen, dass es diesen Effekt gibt und dass er auf Sie wirkt.

Bevor Sie in eine Kryptowährung investieren, sollten Sie den Kauf gründlich überlegen und gezielt nach gegenteiligen Medienberichten suchen.

Verringern Sie den Konsum von Nachrichten und anderen Medien. Das vermindert den Mere-Exposure-Effekt.

Beachten Sie, dass nur weil Sie etwas gut kennen oder es allgemein bekannt ist, es keine gute Investition sein muss.

Prinzipien zum Framing Effekt

Seien Sie sich bewusst, dass Sie anders reagieren, je nachdem wie die gleichen Informationen dargestellt werden.

Reframen Sie, indem Sie so wenig wie möglich Sprache verwenden und sich auf die Zahlenwerte fokussieren.

Reframen Sie Informationen immer in einen Gewinnrahmen. Achten Sie auf unbeabsichtigte Veränderung des Referenzpunktes.

Betrachten Sie Verlust-Trades oder Verlust-Investitionen nicht als Verluste, sondern als Kosten. Verluste gehören zum Spiel. Verluste sind der Spieleinsatz (=Kosten).

Denken Sie wie ein Wertpapierhändler: Manche gewinnen, manche verlieren.

Prinzipien zum Halo-Effekt

Lassen Sie sich nicht vom Halo-Effekt und Social-Proof von Medien, Experten oder Gurus täuschen und zu einer Investitionsentscheidung verleiten.

Glück spielt bei den meisten Ergebnissen eine größere Rolle als Können.

Verlassen Sie sich bei Ihren Investitionen nicht auf andere Personen.

Sollten Sie Informationen von Medien, Experten oder Gurus verwenden, müssen Sie die Informationen selbst noch einmal genauestens überprüfen.

Nutzen Sie das „Mehr-Augen" Prinzip, um Informationen, Entscheidungen oder Handlungen einer Person zu beurteilen.

Prinzipien zur Kompetenzillusion

Trauen Sie keinen Experten. Ihre Vorhersagen sind meist nicht besser als das Ergebnis eines Münzwurfs.

Sollten Sie dennoch Informationen oder Prognosen von Dritten für Ihre Investmententscheidung verwenden, müssen Sie ihr System II aktivieren und sie selbst überprüfen.

Prinzipien zur Erkenntnisillusion

Seien Sie sich bewusst, dass Glück oft einfach die viel größere Rolle bei guten Investments spielt.

Beachten Sie die Regression zum Mittelwert.

Hören Sie nicht auf „Erfolgs-Rezepte" von anderen.

Prinzipien zur Selbstüberschätzung

Machen Sie sich bewusst, dass Sie der Selbstüberschätzung unterliegen.

Hinterfragen Sie sich selbst, seien Sie skeptisch, wenn Sie Vorhersagen für mögliche Investments erstellen.

Holen Sie Feedback von außen (Außensicht).

Schreiben Sie ein Journal für ihre Trades und Investitionen, Sie werden sehen, wie oft Sie Fehler machen. Akzeptieren Sie Ihre Fehler, das gehört zum Spiel.

Schätzen Sie Konfidenzintervall und Ausreiser und schreiben Sie sie in Ihrem Journal nieder. Versuchen Sie immer besser werdende Schätzungen abzugeben und die Ausreißer auch wirklich bei 20 Prozent zu halten.

Prinzipien zur neuen Erwartungstheorie

Sie müssen den Referenzpunkt mit einbeziehen.

Sie sollten Gewinne und Verluste als Vermögenswert-änderung und nicht als Vermögenszustände ansehen.

Sie müssen sich im Klaren sein, dass Sie auf Gewinne und Verluste emotional anders reagieren und sich dies vor Augen halten.

Prinzipien zur Verlustaversion

Machen Sie sich den Umstand der Verlustaversion bewusst. Die Verlustaversion führt zu nicht rationalem Verhalten und muss vermieden werden, um gute Investitions-Entscheidungen treffen zu können.

Investieren Sie langfristiger und achten Sie nicht auf die täglichen Schwankungen.

Sehen Sie Verluste als ein notwendiges Übel an, Wenn eine Position im Verlust ist, sehen Sie es als „laufende" Kosten, um im Spiel mitzuspielen. Es wird Ihnen nur selten passieren, dass die Position sofort nach dem Kauf in die positive Richtung läuft.

Prinzipien zum Dispositionseffekt

Schließen Sie Verlierer-Positionen, wenn es keine besonders guten Zukunftsaussichten für diese Positionen gibt.

Nützen Sie den ganzjährigen Steuervorteil, indem Sie Verlierer-Positionen schließen. Sie schmälern den Gewinn und somit die Steuerlast.

Lassen Sie Gewinner-Positionen weiterlaufen.

Prinzipien zum Sicherheits- und Möglichkeitseffekt

Machen Sie sich den Möglichkeitseffekt und den Sicherheitseffekt bewusst.

Wenn Sie rational entscheiden wollen, dürfen Sie Ergebnisse, die fast sicher sind, nicht untergewichten.

Wenn Sie rational entschieden wollen, dürfen Sie Ergebnisse, die unwahrscheinlich sind, nicht übergewichten.

Prinzipien zur Affektheuristik

Machen Sie sich bewusst, dass Sie unterbewusst die Frage „Was denke ich darüber" durch die leichtere Frage „Welche Gefühle weckt es in mir" ersetzen und darauf ihre Investitionsentscheidungen treffen.

Machen Sie sich bewusst, dass Sie durch Ihre Gefühle, Stimmung und Emotionen geleitet werden und darauf ihre Investmententscheidungen treffen.

Bedenken Sie, dass wenn Sie etwas mögen, Sie eher bereit sind darin zu investieren.

Treffen Sie niemals große Investitionsentscheidungen in einem emotional unausgeglichenen Zustand

Treffen Sie niemals große Investitionsentscheidungen, wenn Sie in deprimierter oder überoptimistischer Stimmung sind.

Wenn Sie ein zu gutes/schlechtes Gefühl beim Investieren haben, hinterfragen Sie woher dieses Gefühl kommt.

Prinzipien zur Reue

Seien Sie sich bewusst, dass wenn sie durch „Handeln" in eine nicht zufriedenstellende Lage kamen, Sie dies mehr bereuen werden.

Gehen Sie vor der Investitions-Entscheidungsfindung ausgiebig auf die Erwartung der Reue ein und Sie werden weniger Reue spüren.

Verwenden Sie ein Journal, damit der Rückschaufehler nicht zusätzlich Ihr Reuegefühl verstärkt.

Bei einer Entscheidung mit langfristigen Folgen sollten Sie entweder sehr gründlich oder völlig unbekümmert sein.

Bedenken Sie, dass wenn Sie eine Investition tätigen, bei der Sie unsicher sind, das Gefühl der Reue im Verlustfall größer ausfallen wird.

Prinzipien zur Enttäuschung

Sie sollten sich bei relativ sicheren Investitionen (also Investitionen mit hohen Gewinnchancen) im Vorhinein klar sein, dass es trotz der hohen Wahrscheinlichkeit dazu kommen kann, nicht zu gewinnen und dass dies zu Enttäuschung führen wird.

Bedenken Sie, dass wenn Sie eine Investition tätigen, bei der Sie sehr sicher sind, das Gefühl der Enttäuschung im Verlustfall größer ausfallen wird.

Prinzipien zu Angst und Gier

Ohne Risiko keine Rendite. Wenn Sie Rendite wollen, dürfen Sie nicht zu viel Angst haben, Geld zu verlieren.

Wenn etwas „zu schön ist, um wahr zu sein“, hinterfragen Sie es tiefgründig.

Seien Sie nicht zu gierig bei Ihren Investitionen, nehmen Sie von Zeit zu Zeit Gewinne mit.

Prinzipien zu Verfügbarkeitskaskade

Achten Sie auf die Anzeichen eines Hypes.

Verkaufen Sie Positionen in Hype Phasen, kaufen Sie Positionen in Crash Phasen.

Nehmen Sie sich von zu großer Euphorie, FOMO und FUD in Acht.

Folgen Sie nicht der Masse.

Prinzipien zur Ego-Depletion

Bei wichtigen Investitionsentscheidungen, die Entscheidung am Morgen treffen und nicht abends.

Vermeiden Sie wichtige Investitionsentscheidungen nach großen physischen, kognitiven oder emotionalen Anstrengungen.

Achten Sie auf ausreichend und qualitativ guten Schlaf.

Machen Sie kein Daytrading.

Prinzipien zum Basisratenfehler

Beachten Sie statistische Tatsachen und beziehen Sie sie in ihre Entscheidungsfindung mit ein.

Sie sollten sich auch die Bedeutung der Wahrscheinlichkeit des nicht eintretenden Ereignisses ansehen (z.B. mit welcher Wahrscheinlichkeit wird es nicht regnen? Was ist die Verlustwahrscheinlichkeit ihres Trading-Systems?).

Wenn Sie Wahrscheinlichkeiten eines Ereignisses beachten, müssen sie auch die Wahrscheinlichkeit des Nicht-Ereignisses beachten.

Die Wahrscheinlichkeit des Ereignisses und des Nicht-Ereignisses (Gegenwahrscheinlichkeit) muss immer 100 Prozent betragen.

Prinzipien zum Verfügbarkeitsfehler

Machen Sie sich den Verfügbarkeitsfehler bewusst.

Wenn Sie übertrieben optimistisch zu einer Sache stehen, müssen Sie sich überlegen, ob der Verfügbarkeitsfehler Schuld daran hat.

Nutzen Sie ihr Journal, um den Verfügbarkeitsfehler zu minimieren, indem Sie sich vergangene Investitionen und Trades ansehen und erneut ins Gedächtnis rufen.

Treffen Sie Entscheidungen anhand von faktenbasierten Daten und nicht von Meinungen.

Meiden Sie Medienberichte. Die Themenwahl der Journalisten hat Einfluss auf den Verfügbarkeitsfehler.

Prinzipien zur Repräsentativitätsheuristik

Überschätzen Sie nicht Wahrscheinlichkeiten, nur weil einzelne Informationen ihr Urteil stärker beeinflussen.

Seien Sie sich bewusst, dass sich der Mittelwert bei höheren Stichproben dem Erwartungswert nähert.

Seien Sie sich bewusst, dass der Mittelwert bei kleinen Stichproben vom Erwartungswert abweichen kann.

Prinzipien zur Nenner-Vernachlässigung

Beachten Sie, dass Sie bei Angaben von relativen Häufigkeiten („Wie viele“, z.B. 1 von 100.000 Kindern) tendenziell überbewerten.

Um ein besseres Verständnis für Zahlen zu bekommen und die emotionale Auswirkung von Angaben zu relativieren, sollten Sie Angaben von Chancen, Risiken oder Wahrscheinlichkeiten („Wie wahrscheinlich“) und relative Häufigkeiten („Wie viele“) jeweils gegeneinander umformen und dann vergleichen.

Prinzipien zum Korrelation-Kausalität-Fehler

Beachten Sie, dass Korrelation nicht Kausalität bedeutet.

Suchen Sie nach Ursache-Wirkungs-Mechanismen.

Lassen Sie sich nicht von Scheinkorrelationen täuschen.

Prinzipien zum Konjunktionsfehlschluss

Bedenken Sie, dass Sie die Verknüpfung zweier Ereignisse im direkten Vergleich als wahrscheinlicher beurteilen als eines der Ereignisse.

Seien Sie sich bewusst, dass je genauer (oder detaillierter) eine Geschichte ist, desto unwahrscheinlicher ist sie.

Prinzipien zum Regressionseffekt

Seien Sie sich bewusst, dass der Regressionseffekt existiert, obwohl er nicht intuitiv zu verstehen ist.

Denken Sie daran: Je mehr ein Extremwert vom Mittelwert abweicht, desto eher wird er zum Mittelwert zurück regredieren.

Vertrauen Sie keinen Experten

Wie Sie in den vergangenen Kapiteln erfahren haben, sollten Sie Experten nicht vertrauen. Wann können wir überhaupt auf Experten-Urteile vertrauen?

Für den Erwerb von Expertise müssen zwei grundlegende Voraussetzungen erfüllt sein:

1. eine Umgebung, die regelmäßig ist, um vorhersagbar zu sein und
2. die Möglichkeit, diese Regelmäßigkeiten durch langjährige Übung zu erlernen

Nur wenn diese beiden Bedingungen erfüllt sind, können Intuitive Vorhersagen wahrscheinlich richtig sein. Dies trifft zum Beispiel auf Schach, Bridge, Poker, Ärzte, Pfleger, Feuerwehrleute, usw. zu. Erlangung von Expertise hängt auch von der Schnelligkeit und Qualität des Feedbacks ab, das man über seine Urteile erhält. Die Regel lautet also: Wenn es keine stabilen Regelmäßigkeiten in der Umgebung gibt, kann man der Intuition nicht vertrauen. Beispiele dafür sind Stockpicker und Politikwissenschaftler. Sie operieren in einer Umgebung, in der Informationen keinerlei Aussagekraft für Prognosen besitzen (*Zero Validity Environment*). Ihr nachgewiesenes Versagen bestätigt die grundlegende Nicht-Vorhersehbarkeit der Ereignisse, die sie versuchen vorherzusagen.

In Umgebungen mit weniger Regelmäßigkeiten und niedriger Vorhersagbarkeit, nimmt man Urteilsheuristiken zu Hilfe. Oftmals trickst uns System I aus und ersetzt eine schwierige Frage durch eine leichtere, um eine schnelle Antwort zu finden. Diese Antwort kann plausibel genug sein, sodass sie die lockere Prüfung von System II besteht und wir sie nicht hinterfragen.

Fazit: Krypto-Märkte sind Umgebungen, in denen es keine stabilen Regelmäßigkeiten gibt, weshalb Experten keine langfristigen richtigen Vorhersagen treffen können. Verlassen Sie sich deshalb nicht auf Experten und erstellen Sie besser ihr eigenes Investitionsregelwerk, an das Sie sich halten und welches Sie stets weiterentwickeln.

Kontrollieren Sie ihre Emotionen

Um unsere Emotionen zu kontrollieren, müssen wir die Denkweise von professionellen Händlern verinnerlichen, um uns selbst einem rationalen Verhalten näher zu bringen. Die Denkweise lautet:

„Einige Investments gewinnen wir und einige verlieren wir!"

Der Hauptzweck dieses Mantras ist, die Emotionen zu kontrollieren, wenn man verliert. Denn Verluste sind emotional viel schmerzlicher (im Durchschnitt 2,5-Mal) als Gewinne erfreulich sind. Ein weites Framing vermindert die Verlustaversion, da es eine von vielen Entscheidungen ist. Die Kombination aus engem Framing und der Verlustaversion (z.B. Ich muss jede einzelne Position mit Gewinn verkaufen) ist sehr kostspielig. Mit weitem Framing können Sie sich dieser Falle entziehen, die emotionalen Vorteile für sich nutzen und Zeit, Kosten und Ärger sparen, indem Sie die Häufigkeit verringern nachzusehen, wie sich Ihre Investitionen entwickeln. Das kurzfristige Verfolgen der Wertschwankungen ist ein Verlustgeschäft, weil der Ärger über die häufigen kleinen Verluste die Freude über die genauso häufigen Gewinne überstrahlt. Das gezielte Ignorieren kurzfristiger Ergebnisse verbessert einerseits die Qualität der Ergebnisse und der Anlageentscheidungen und andererseits die emotionale Lebensqualität.

Die typische kurzfristige Reaktion auf schlechte Neuigkeiten und fallende Kurse ist eine erhöhte Verlustaversion. Anleger, die seltener ein zusammenfassendes Feedback erhalten, sehen schlechte Nachrichten oder kurze Kurseinbrüche viel seltener, sind wahrscheinlich weniger risikoscheu und werden dadurch langfristig eher ein höheres Vermögen aufbauen. Sie sind auch weniger anfällig für eine ständige, kostspielige Umschichtung des Portfolios, wenn sie nicht wissen, wie sich die einzelnen Positionen kurzfristig entwickeln. Das Bemühen, die

Wertpapierpositionen über mehrere Perioden nicht zu verändern, wird mit einer besseren Wertentwicklung belohnt.

Führen Sie ein Journal

Sie sollten für ihre Investments bzw. Trades ein Journal (Tagebuch) führen. Sie schreiben alles nieder, was relevant für die Investitionsentscheidungen oder die Trades war. Zusätzlich notieren Sie Ihre Gefühle, Stimmungen und Emotionen.

Die Vorteile eines Journals sind:

- Vermeidung des Rückschaufehlers, indem wir uns nicht fälschlicherweise an falsche Tatsachen zurückerinnern, die wir zum Zeitpunkt der Investition trafen.
- Minimierung des Verfügbarkeitsfehlers, indem wir uns vergangene Investitionen bzw. Trades, Setups, Informationen und Fehler wieder ins Gedächtnis rufen.
- Vermeidung des Ergebnisfehlers, indem wir die Investition nicht anhand des Ergebnisses beurteilen, sondern die Qualität der Entscheidung zum Zeitpunkt der Entscheidung.
- Vermeidung der WYSIATI Regel, indem wir Dinge in Erinnerung rufen, die momentan nicht in unserem Kopf vorhanden sind.
- Minimierung der Optimismus-Verzerrung, indem wir vergangene Investitionen analysieren und dadurch realistischere Schätzungen abgeben.
- Minimierung der Selbstüberschätzung, indem wir sehen, dass wir immer wieder Fehler bei unseren Entscheidungen machen.

- Identifizieren von schlechten Entscheidungen, weil wir uns von unseren Emotionen leiten ließen.
- Vermeidung von Reue, indem wir im Journal auf das Gefühl der Reue eingehen und niederschreiben.
- Emotion wie Angst und Gier in den Griff zu bekommen.
- Zu sehen, wann Ihre Fähigkeit erschöpft ist, gute Entscheidungen zu treffen (Ego-Depletion), indem Sie protokollieren, wann Sie traden bzw. investieren und wann Sie körperlich, geistig oder physisch aktiv waren.
- Identifizieren von wiederkehrenden Mustern oder Fehlern beim Investieren.
- Einfache statistische Berechnungen durchführen zu können wie beispielsweise Anteil der Gewinner, Anteil der Verlierer, durchschnittliche Gewinne, durchschnittliche Verluste, Erwartungswerte, maximaler Gewinn, maximaler Verlust usw.
- Trading bzw. Investitionsstrategien testen zu können.
- Zukünftige Preise und Konfidenzintervalle abschätzen zu können.
- Ausreißer zu identifizieren.
- Zu sehen, wie gut die eigene Prognosegenauigkeit ist.
- U.v.m.

Ein Journal zu schreiben bedeutet zwar Anfangs einen Mehraufwand, aber wie Sie anhand obiger Liste sehen, überwiegen die Vorteile bei weitem. Um rationale und damit gute Investmententscheidungen zu treffen, sollten Sie ein Journal führen.

Berechnen Sie Erwartungswerte

Der Erwartungswert ist ein Begriff aus der Stochastik. Der Erwartungswert einer Zufallsvariablen beschreibt die Zahl, die die Zufallsvariable im Mittel annimmt.

$$EW = Pg * G - Pv * V$$

EW … Erwartungswert
Pg … Gewinnwahrscheinlichkeit
G … Höhe des Gewinns
Pv … Verlustwahrscheinlichkeit
V … Höhe des Verlusts

Der Erwartungswert berechnet sich also aus dem Produkt der Gewinnwahrscheinlichkeit mit den Gewinnen abzüglich des Produktes der Verlustwahrscheinlichkeit mit den Verlusten. Der Erwartungswert ist positiv, wenn der erste Term größer ist als der zweite.

Betrachten Sie nochmal das Beispiel vom Anfang dieses Kapitels:

Entscheidung 1: Wählen Sie zwischen:

- *a) Ein sicherer Gewinn von 240 USD*
- *b) Eine 25 prozentige Chance, 1000 USD zu gewinnen und eine 75 prozentige Chance, nichts zu gewinnen*

Entscheidung 2: Wählen Sie zwischen:

- *c) Ein sicherer Verlust von 750 USD*
- *d) Eine 75 prozentige Chance, 1000 USD zu verlieren und eine 25 prozentige Chance, nichts zu verlieren*

Der Erwartungswert bei Entscheidung 1b) berechnet sich folgendermaßen:

$$EW = 0{,}25 * 1000 - 0{,}75 * 0 = 250$$

Der Erwartungswert bei Entscheidung 2b) berechnet sich folgendermaßen:

$$EW = 0{,}25 * 0 - 0{,}75 * 1000 = -750$$

Betrachten Sie nun die weitere Angabe:

ad) Eine 25 prozentige Chance, 240 USD zu gewinnen und eine 75 prozentige Chance, 760 USD zu verlieren.

bc) Eine 25 prozentige Chance, 250 USD zu gewinnen und eine 75prozentige Chance, 750 USD zu verlieren.

Der Erwartungswert bei Entscheidung ad) berechnet sich folgendermaßen:

$$EW = 0{,}25 * 240 - 0{,}75 * 760 = -510$$

Der Erwartungswert bei Entscheidung bc) berechnet sich folgendermaßen:

$$EW = 0{,}25 * 250 - 0{,}75 * 750 = -500$$

Durch die Berechnung der Erwartungswerte sehen Sie leicht, wie Sie sich Entschieden hätten müssen, wenn Sie die Situation aus rationaler Sicht betrachten. Nämlich für die Antwort b) in Entscheidung 1 und für die Antwort c) bei Entscheidung 2.

Betrachten wir das Gewinnspiel vom Framing Effekt aus Kapitel 2 und berechnen die Erwartungswerte. Die erste Fragestellung lautete: *Würden Sie auf ein Gewinnspiel eingehen, das eine 10 prozentige Chance hat, 95 USD zu gewinnen und eine 90 prozentige Chance hat, 5 USD zu verlieren?*

Der Erwartungswert berechnet sich folgendermaßen:

$$EW = 0{,}1 * 95 - 0{,}9 * 5 = 5$$

Die zweite Fragestellung lautete: *Würden Sie 5 USD bezahlen, um an einem Gewinnspiel teilzunehmen, das eine 10 prozentige Chance hat, 100 USD zu gewinnen und eine 90 prozentige Chance hat, nichts zu gewinnen?*

Der Erwartungswert berechnet sich folgendermaßen:

$$EW = 0{,}1 * 100 - 0{,}9 * 0 = 10 - 5 = 5$$

Der Erwartungswert in der zweiten Fragestellung ist 10 USD. Da Sie aber 5 USD zahlen müssen, um das Gewinnspiel zu spielen, müssen wir das vom Erwartungswert abziehen und erhalten als Ergebnis 5 USD. Sie sehen also, dass die Erwartungswerte der beiden Fragestellungen identisch sind und würden sich rational für beide Fragestellungen gleich entscheiden. Wie Sie im Kapitel Framing Effekt gesehenen haben, ist dies nicht der Fall, wenn man nur anhand der Fragestellung entscheiden würde. Wir können also irrationale Entscheidungen, die durch den Framing Effekt hervorgerufen werden umgehen, indem man den Erwartungswert berechnet.

Betrachten wir die Beispiele aus Kapitel 4, neue Erwartungstheorie:

Beispiel 1: Was wählen Sie?

a) *900 USD sicher erhalten oder*
b) *eine 90 prozentige Chance, 1000 USD zu gewinnen?*

Beispiel 2: Was wählen Sie?

a) *Einen sicheren Verlust von 900 USD oder*
b) *eine 90 prozentige Wahrscheinlichkeit, 1000 USD zu verlieren?*

Der erwartete Wert bei Beispiel 1 und 2 bei Antwort b) beträgt: 0,9*1000=900 USD. Er ist also identisch mit dem Wert aus Beispiel 1 und 2 a).

Beispiel 3: Zusätzlich zu Ihrem bisherigen Vermögen erhalten Sie 1000 USD. Entscheiden Sie sich für eine der folgenden Optionen:

a) *Eine 50 prozentige Chance, 1000 USD zu gewinnen oder*
b) *500 USD sicher erhalten*

Beispiel 4: Zusätzlich zu Ihrem bisherigen Vermögen erhalten Sie 2000 USD. Entscheiden Sie sich für eine der folgenden Optionen:

a) *Eine 50 prozentige Wahrscheinlichkeit, 1000 USD zu verlieren oder*
b) *500 USD sicher zu verlieren*

Bei Beispiel 3 und 4 ist der erwartete Wert bei Auswahlmöglichkeit a) 0,5*1000=500 USD und somit identisch zur Auswahlmöglichkeit b).

Die Erwartungswerte der Auswahlmöglichkeiten in den Beispielen sind immer identisch. Der Unterschied ist, dass es in einem Fall „sicher" ist und im anderen Fall „wahrscheinlich". Dies führt dazu, dass wir uns nicht rational verhalten.

Betrachten Sie das Münzwurf Beispiel aus dem Kapitel 4, Verlustaversion:

Wir werfen eine Münze ein Mal. Bei Zahl verlieren Sie 100 USD. Bei Kopf gewinnen Sie 150 USD. Würden Sie dieses Glücksspiel eingehen?

Der Erwartungswert in diesem Beispiel errechnet sich zu:

$$EW = 0{,}5 * 150 - 0{,}5 * 100 = 25$$

Die Gewinn- bzw. Verlustwahrscheinlichkeit bei einem Münzwurf mit einer fairen Münze beträgt je 50%. Der Erwartungswert beträgt also 25 USD. Aus rationaler Sicht, müssten Sie solche Wetten immer eingehen.

Betrachten wir weiters die Probleme beim Allais-Paradoxon aus Kapitel 4:

Problem A: Wählen Sie zwischen

1. *Eine 61 prozentige Chance, 520.000 USD zu gewinnen oder*
2. *Eine 63 prozentige Chance, 500.000 USD zu gewinnen*

Die Erwartungswerte berechnen sich wie folgt:

$$EW = 0{,}61 * 520.000 = 317.200$$
$$EW = 0{,}63 * 500.000 = 315.000$$

Problem B: Wählen Sie zwischen

1. *Eine 98 prozentige Chance, 520.000 USD zu gewinnen oder*
2. *Eine 100 prozentige Chance, 500.000 USD zu gewinnen*

Die Erwartungswerte berechnen sich wie folgt:

$$EW = 0{,}98 * 520.000 = 509.600$$
$$EW = 1{,}00 * 500.000 = 500.000$$

Wenn Sie den Regeln der Rationalität folgen, müssten Sie also bei Problem A und B jeweils die Antwort 1 nehmen, da sie den höheren Erwartungswert hat.

Erwartungswert Ihrer Investments

Sie sollten sich den Erwartungswert für ihre Investments (bzw. ihrer Investitionsstrategie) berechnen, wenn Sie Ihre Trefferquote und Verlustquote sowie Gewinne und Verluste protokollieren. Dazu folgendes Beispiel:

Von zehn getätigten Investitionen oder Trades sind drei Gewinner und sieben Verlierer. Das bedeutet, Ihre Trefferquote beträgt 30 Prozent und Ihre Verlustquote beträgt 70 Prozent. Wenn Ihre Gewinne nun gleich groß sind wie Ihre Verluste, beispielsweise 100 USD, dann ergibt sich daraus ein Erwartungswert von:

$$EW = 0{,}3 * 100 - 0{,}7 * 100 = -40$$

Im Durchschnitt verlieren Sie also 40 USD mit jeder Investition.

Sind Ihre Gewinne jedoch drei Mal so groß (300 USD) wie die Verluste, ergibt sich folgender Erwartungswert:

$$EW = 0{,}3 * 300 - 0{,}7 * 100 = 20$$

Obwohl die Trefferquote nur 30 Prozent beträgt, ergibt sich

ein positiver Erwartungswert von 20 USD. Das bedeutet, dass ein System, das öfter verliert als gewinnt, trotzdem einen Profit abwerfen kann, wenn die Gewinne größer sind als die Verluste. Um also eine positive Investitions-Bilanz aufzustellen, müssen Sie entweder

a) Die Gewinnwahrscheinlichkeit erhöhen (bzw. Verlustwahrscheinlichkeit verringern) oder
b) die Gewinne erhöhen (bzw. Verluste verringern).

Etablieren Sie die Bayes'sche Denkweise

Die Bayes'sche Denkweise stammt vom Mathematiker Thomas Bayes. Von ihm stammte auch der Satz von Bayes, der in der Wahrscheinlichkeitsrechnung große Bedeutung hat. Er prägte den nach ihm benannten Begriff „Bayes'sche Wahrscheinlichkeit", die Wahrscheinlichkeit als Grad persönlicher Überzeugung interpretiert. Sie unterscheidet sich von objektivistischen Wahrscheinlichkeitsbegriffen, die Wahrscheinlichkeiten als relative Häufigkeiten interpretieren.

Folgende zwei Dinge sollten wir uns merken: Erstens sind, ohne weitere Informationen über einen Sachverhalt zu besitzen, die Basisraten von Bedeutung (siehe Basisratenfehler). Dies ist oft intuitiv nicht einleuchtend. Zweitens sind unsere intuitiven Eindrücke über die Aussagekraft der vorliegenden Informationen meist übertrieben. Wie schon vorher beschrieben, glauben wir tendenziell die Geschichten, die wir uns selbst ausdenken.

Für eine statistisch korrekte Bewertung (ohne Statistik beherrschen zu müssen) merken wir uns zwei Regeln für eine Bayes'sche Denkweise:

1. Verankern Sie Ihr Urteil über die Wahrscheinlichkeit eines Ergebnisses in einer plausiblen Basisrate
2. Hinterfragen Sie die Aussagekraft der Informationen

wenn keine neuen nützlichen Informationen verfügbar sind

(oder die Qualität der Informationen schlecht ist), liegt die Bayes'sche Lösung darin, sich an die Basisrate zu halten.

Nutzen Sie die Prä-Mortem Methode

Die Prä-Mortem Methode ist eine einfache und schnell durchzuführende Methode, um noch unbekannte Risiken zu finden und einige Verzerrungen, wie z.B. Optimismus-Verzerrung, Planungsfehlschluss und Selbstüberschätzung zu vermeiden.

Bei der Prä-Mortem-Methode stellen wir uns vor, dass wir uns zum Beispiel ein Jahr in der Zukunft befinden. Eine Investition nach dem heutigen Plan wurde umgesetzt, aber das Ergebnis ist leider eine absolute Katastrophe. Nun nimmt man sich 10 bis 20 Minuten Zeit, um eine stichwortartige Geschichte über diese Katastrophe zu schreiben. Welche Gründe und Umstände führten zu dieser Katastrophe? Das wichtige an dieser Methode ist, dass sie Zweifel zulässt und dass man nach Gefahren suchen kann, an die man bis dato nicht gedacht hat. Sie ist kein Allheilmittel, aber sie begrenzt das Schadenspotential von Plänen, Schätzungen oder Vorhersagen, die den Verzerrungen der Informationsverfügbarkeit, der WYSIATI-Regel und übermäßigem Optimismus unterliegen. Sollten Sie weitere Risiken finden, lassen Sie diese in Ihre Bewertung einfließen und führen Sie eine Korrektur durch.

Nutzen sie Hypothesentests

Der Hypothesentest ist eine Methode aus der Statistik, mit der man eine Behauptung mit erhobenen Daten nachweisen möchte. Der Grundsatz bei diesen statistischen Tests ist, dass das Gegenteil widerlegt werden muss. Es gibt zwei Behauptungen/Vermutungen, die sogenannten Hypothesen, die sich gegenüberstehen. Die Nullhypothese, die geprüft werden soll und ihr Gegenteil, die Alternativ- bzw. Gegenhypothese. Wenn die Gegenhypothese bewiesen werden kann, dann muss man die Grundannahme, also die Nullhypothese, verwerfen.

Für unsere Anwendungszwecke werden wir keine statistischen Berechnungen vornehmen. Es geht prinzipiell darum, den Standpunkt der anderen Seite einzunehmen, um bessere Investitionsentscheidungen treffen zu können und Denkfehler, wie beispielsweise Optimismus-Verzerrung, Selbstüberschätzung, Verfügbarkeitsfehler, WYSIATI-Regel usw. zu eliminieren oder zumindest zu minimieren.

Zur Veranschaulichung betrachten Sie folgendes Beispiel: Stellen Sie sich vor, Ihre Grundeinstellung ist, dass Bitcoin steigen wird. Dies ist also die Nullhypothese. Die Gegenhypothese ist demnach, das Bitcoin fallen wird. Wir müssen nun gezielt nach Fakten suchen, um die Gegenhypothese zu beweisen. Gelingt uns dies, dann müssen wir die Grundannahme (dass Bitcoin steigt) verwerfen. Möglicherweise werden Sie beide Hypothesen nicht hundertprozentig belegen oder widerlegen können. Aber dadurch, dass Sie sich intensiv mit der Gegenhypothese beschäftigt haben, um die Nullhypothese zu widerlegen, werden Sie ein umfassenderes Bild einer Situation (wie zum Beispiel das aktuelle Marktgeschehen) haben und dadurch bessere Investitionsentscheidungen treffen können.

Verhalten bei Crash und Hype

Wie sollten Investoren sich bei Hype und Crash verhalten? John D. Rockefeller, ein US-amerikanischer Unternehmer und erster Milliardär der Weltgeschichte, soll gesagt haben:

> „The way to make money is to buy,
> when blood is running in the streets."

Auf Deutsch bedeutet das etwa: Wenn das Blut in den Straßen fließt (also die Börsen massive Verluste schreiben), ist es an der Zeit zu kaufen. Wir handeln also gegen den Strom. Wenn alle in Panik sind, nicht rational denken, von ihren Emotionen geleitet werden und schnell verkaufen, da bleiben wir ruhig und kaufen günstig ein. Ein Börsencrash bietet also eine gute Kaufmöglichkeit. Wenn alle Medien zum Verkaufen auffordern, dann ist es ein guter Zeitpunkt zu kaufen. Aber nur, wenn die Zukunftsaussichten der Investition wirklich positiv sind.

Der Gegensatz dazu ist, wenn wir uns in einer Phase eines Hypes, Booms oder Blase befinden. Warren Buffet, US-amerikanischer Großinvestor und Unternehmer, soll gesagt haben:

„Be Fearful When Others Are Greedy and
Greedy When Others Are Fearful."

Auf Deutsch etwa: Sei ängstlich, wenn andere gierig sind und sei gierig, wenn andere ängstlich sind. Das bedeutet, wenn wir uns in einer Crash-Phase befinden und alle ängstlich sind, sollen wir gierig sein und zugreifen. Im Falle eines Hypes, wenn alle anderen gierig sind und der Kurs immer neue Höhen erreicht, sollten wir ängstlich sein und Positionen abstoßen.

Menschen steigen bei hohen Kursen viel zu spät in den Markt ein, um nur schnell ein bisschen Geld zu verdienen. Die Folge ist, dass in den meisten Fällen Verluste wegen fallenden Kursen nach dem Hype zu Buche schlagen. So geschah es auch beim Bitcoin-Hype im Dezember 2017 als Menschen in den Hype und überbewerteten Bitcoin Kurs einstiegen und bei einem zu hohen Kurs kauften. Die Ernüchterung folgte nachdem der Kurs bei ca. 20.000 USD umdrehte und innerhalb von einem Jahr auf fast 3000 USD einbrach. Wenn die Kurse steigen, jeden Tag neue Gewinne gemacht und neue

Höchststände erreicht werden, vergessen wir schnell, dass alles was steigt auch wieder fallen kann. Beispiele dafür sind:

- Schwarzer Montag, Oktober 1987
- Japan Krise, 1990
- Dotcom Blase, März 2000
- Terroranschläge auf das World Trade Center, 11. September 2001
- Globale Finanzkrise, 2007
- Bitcoin und Altcoin Blase, Anfang 2018
- Corona-Virus Krise, März 2020

Der Hype ist die letzte Phase der Blase, bevor sie platzt. Das Problem ist nur, dass wir meist erst zu spät erkennen, dass es sich um eine Blase handelte.
Es gibt viele weitere Chancen am Markt, die in Zukunft noch kommen. Schlecht ist immer, einer verpassten Chance hinterherzulaufen und deswegen eine schlechte Entscheidung zu treffen. Benjamin Graham, der Autor des Buches „The Intelligent Investor" und Mentor von Warren Buffet soll gesagt haben:

„Geduld ist die oberste Tugend des Investors"

Haben Sie Geduld, die nächste Investitionsmöglichkeit kommt mit Sicherheit.

Schlusswort

Investieren hat weniger mit Intelligenz zu tun. Manche hatten einfach nur Glück. Für diejenigen unter uns, die kein Glück hatten ist wichtig: ein reflektiver Geist, Rationalität und nicht denkfaul sein (Aktivierung von System II). Viele Fehler beim Investieren passieren, weil wir uns auf unsere intuitiven Handlungen verlassen, ohne sie zu hinterfragen. Eine weitere Schwäche von uns Menschen ist, dass es leichter und angenehmer ist, die Fehler anderer zu erkennen und zu benennen als seine eigenen. Selbst unter günstigen Umständen fällt es uns schwer, unsere Überzeugungen und Grundsätze zu hinterfragen und es fällt uns besonders schwer, wenn es am notwendigsten ist. Wir können von einer sachlich fundierten und objektiven Meinung anderer profitieren. Unsere Fehler weisen charakteristische Muster auf, die wir selbst meistens nicht erkennen. Systematische Denkfehler (Verzerrungen, Heuristiken) treten in vorhersehbarer Weise unter bestimmten Umständen auf. Wir sind auch dann von der Richtigkeit unserer Entscheidungen und Urteile überzeugt, wenn wir uns irren. Ein objektiver Beobachter, ein Mentor, erkennt die Fehler mit höherer Wahrscheinlichkeit als Sie selbst. Suchen Sie sich einen Mentor! Eine Person, die ihr fachliches und Erfahrungswissen an Sie weitergibt. Damit sparen Sie sich viel Zeit, Geld und mentalen Stress.

Vor allem in der Krypto-Welt gibt es sehr viel Unwissen und leider auch viel Betrug. Deshalb möchte ich Ihnen als letzten Rat folgendes Prinzip mitgeben:

Stützen Sie sich auf Fakten, nicht auf Meinungen!

Über den Autor

Wolfgang Fallmann, Jahrgang 1982 ist in Tirol geboren, studierte Maschinenbau an der TU-Wien und Technisches Management an der FH Campus Wien. Er entwickelte automatisierte Währungs-Handelssysteme (sogenannte Forex Robots) und war Forex Daytrader. 2014 kam er in Kontakt mit Kryptowährungen. Wolfgang entwickelte einen der ersten Bitcoin-Bankomaten in Österreich und beteiligte sich bei der Entwicklung der Monero Hardware Wallet. Später gründete er eine Mining-Firma, um Kryptowährungen zu schürfen. Er betrieb Staking und finanzierte Masternodes. Wolfgang investiert in Aktien, ETFs, P2P-Kredite, Bitcoin, Bitcoin Futures & Optionen und andere Kryptowährungen. Er gibt sein Jahrzehnte lang angesammeltes Wissen zu Investments, Blockchain und Kryptowährungen in Vorträgen, Workshops und Büchern weiter. Er ist Gründer von „Bitcoin Machine" (www.btc-machine.com), Herausgeber der regelmäßig erscheinenden „Bitcoin Machine Insight Reports" und Autor des Ende 2020 erscheinenden Buches „Bitcoin COT Bible", das erste Buch über die Nutzung des *Commitment of Traders Report* für Bitcoin Investments.

Danksagung

Ich bedanke mich bei Ihnen, lieber Leser, für den Kauf des Buches. Ich hoffe, ich konnte Ihnen die Augen öffnen und einen Mehrwert liefern.

Gerne stehe ich Ihnen für weitere Fragen, Wünsche, Anregungen oder Kritik zur Verfügung. Kontaktieren Sie mich unter: info@wolfgangfallmann.com oder besuchen Sie meine Webseite: www.btc-machine.com

Ich freue mich, von Ihnen zu hören!

Grundlage für den Erfolg als Autor im Eigenverlag sind Rezessionen auf Amazon. Deshalb bitte ich Sie um zwei Minuten ihrer wertvollen Zeit, um mir eine Bewertung zu geben. Sie können auch bewerten, wenn Sie das Buch nicht selbst gekauft haben.

Gehen Sie auf www.amazon.de, suchen Sie nach: „Wolfgang Fallmann“ oder „Krypto Investor Mindset“. Klicken Sie auf das Buch, scrollen Sie ganz nach unten bis zum Punkt „Dieses Produkt bewerten“ und klicken Sie auf „Kundenrezension verfassen“. Beschreiben Sie kurz, was Ihnen gefallen hat oder was Ihnen am meisten geholfen hat. Vielen Dank!

Glossar

Affektheuritisk
Affektheuristik (englisch *Affect Heuristic*) bedeutet, dass wir bei Urteilen und Entscheidungen unsere Stimmung, Gefühle und Emotionen zu Rate ziehen.

All Time High (ATH)
Der höchste, je erreichte Preis eines Kurses.

All Time Low (ATL)
Der tiefste, je erreichte Preis eines Kurses.

Altcoins
Altcoins sind alle Kryptowährungen, die nicht Bitcoin sind.

Ankereffekt
Der Ankereffekt, auch Ankerheuristik genannt (englisch *Anchoring Effect*), ist die Tatsache, dass Menschen bei ihren Zahlenschätzungen von vorhandenen Umgebungsinformationen (speziell von Zahlen) beeinflusst werden, ohne dass ihnen dieser Einfluss bewusst ist.

Basisratenfehler
Der Basisratenfehler (englisch *Base Rate Fallacy*) ist vereinfacht gesagt, die Vernachlässigung von statistischen Tatsachen.

Besitztumseffekt
Der Besitztumseffekt (englisch *Endowment Effect*) ist das Phänomen, dass für Menschen der Wert eines Gutes steigt, wenn sie es besitzen.

Bestätigungsfehler
Der Bestätigungsfehler (auch Bestätigungsverzerrung, englisch *Confirmation Bias*) ist die Neigung von Menschen,

Informationen so zu suchen, auszuwählen und zu interpretieren, dass sie die eigenen Erwartungen bestätigten.

Coins
Kryptowährungen werden auch als „Coins“ bezeichnet (vom englischen *coin*, Münze).

Cost Averaging
„Cost Averaging“ oder auch „Cost Average-Effekt“ (Durchschnittskosteneffekt) ist die Tatsache, dass ein Anleger für einen gleichbleibenden Betrag bei fallenden Kursen mehr Anteile und bei steigenden Kursen weniger Anteile kaufen kann und somit zu einem durchschnittlichen Kurs kauft bzw. verkauft.

Dispositionseffekt
Der Dispositionseffekt (englisch *Disposition Effect*) ist die Neigung von Anlegern, die Positionen abzustoßen, die im Wert gestiegen sind und die Positionen zu halten, die im Wert gesunken sind.

Ego-Depletion
Die Ego-Depletion (von lateinisch *ego* ‚ich‘ und neulateinisch *depletio* ‚Aderlass‘, zu deplere ‚ausleeren‘; hier im Sinne von „Selbsterschöpfung“) ist die Selbsterschöpfung durch physische, kognitive oder emotionale Anstrengung.

Ergebnisfehler
Der Ergebnisfehler (englisch *Outcome Bias*) ist die Tendenz von Menschen, eine Entscheidung anhand ihres Endergebnisses zu beurteilen, anstatt auf die Qualität der Entscheidung zum Zeitpunkt der Entscheidung.

Erkenntnisillusion
Erkenntnisillusionen entstehen, weil wir aufgrund des Halo-Effekts dazu neigen, kausale Beziehungen umzudrehen.

Fehlschluss
Als Fehlschluss (lateinisch *fallacia*) wird bezeichnet, wenn Menschen eine logische Regel, die relevant ist, nicht anwenden.

Framing Effekt
Der Framing Effekt, auch Framing (deutsch etwa: Einrahmungs-Effekt) ist die Tendenz, unterschiedliche Schlussfolgerung zu ziehen, wenn dieselbe Information anders dargestellt wird.

Halo-Effekt
Der Halo-Effekt (vom englischen *Halo*, Heiligenschein) ist eine Verzerrung, bei der man von bekannten Eigenschaften einer Person auf unbekannte Eigenschaften schließt.

Heuristik
Die Heuristik, auch Urteilsheuristik (*Bias* oder *Error*), ist eine „geistige Abkürzung" des Denkens.

Hodler
Ein Krypto-Investor, der stetig Kryptowährungen zukauft und sehr lange hält, da er auf massives Kurswachstum hofft.

Ideomotorischer Effekt
Der ideomotorische Effekt, auch Carpenter-Effekt, beeinflusst eine Handlung durch eine Vorstellung. Das bedeutet, dass das Sehen oder Denken einer bestimmten Bewegung die Tendenz zur Ausführung eben dieser Bewegung auslöst.

Kompetenzillusion
Die Kompetenzillusion ist der irrtümliche Glaube, dass kompetente Personen bessere Vorhersagen machen können.

Konjunktionsfehlschluss
Der Konjunktionsfehlschluss ist der Fehler, den Menschen

begehen, wenn sie die Verknüpfung zweier Ergebnisse im direkten Vergleich wahrscheinlicher beurteilen als eines der Ergebnisse.

Korrelation-Kausalität-Fehler
Der Korrelation-Kausalität-Fehler (auch Fehlschluss von Korrelation auf Kausalität, lateinisch *Cum hoc ergo propter hoc)* passiert, wenn man reine Korrelation mit Kausalität verwechselt.

Limit Order
Eine Limit Order ist eine Order, um eine bestimmte Stückzahl von Kryptowährungen zu einem festgelegten oder besseren Preis zu kaufen, oder zu verkaufen.

Market Order
Eine Market Order bezeichnet einen Auftrag, nach dem eine Kryptowährung von einem Broker zum besten aktuellen Marktpreis gekauft oder verkauft werden soll.

Mere-Exposure-Effekt
Der Mere-Exposure-Effekt ist die Tatsache, dass Menschen zu Bildern, Videos oder Wörtern, die häufiger gezeigt werden eine positivere Einstellung entwickeln.

Mining
Mining ist der Prozess, bei dem durch Einsatz von Rechenleistung, neue Kryptowährungen erschaffen werden. Dies wird auch als schürfen (englisch *mining)* bezeichnet.

Muster Illusion
Die Muster-Illusion (englisch *Clustering Illusion*) ist die Neigung, in ausreichend großen (zufälligen) Datenmengen zufällig entstandene Muster zu erkennen und ihnen eine Bedeutung zuzuschreiben.

Möglichkeitseffekt
Beim Möglichkeitseffekt (englisch *Possibility Effect*) werden unwahrscheinliche Ereignisse unverhältnismäßig stark übergewichtet.

Nenner-Vernachlässigung
Nenner-Vernachlässigung (englisch *Denominator Effect*) bedeutet, dass Ereignisse mit niedriger Wahrscheinlichkeit viel stärker gewichtet werden, wenn sie in Kategorien von relativen Häufigkeiten („Wie viele", z.B. 1 von 100.000 Kindern) beschrieben werden, als wenn sie in abstrakten Begriffen wie Chancen, Risiken oder Wahrscheinlichkeiten („Wie wahrscheinlich", z.B. 0,001%) ausgedrückt werden.

Neue Erwartungstheorie
Die neue Erwartungstheorie (englisch *Prospect Theory*) stellt die Grundlage der Verhaltensökonomik dar und untersucht die Entscheidungsfindung unter Risiko.

Optimismus-Verzerrung
Die Optimismus-Verzerrung (englisch *Optimism Bias* oder *Optimistic Bias*) ist eine kognitive Verzerrung, die Menschen glauben lässt, dass sie selbst mit höherer Wahrscheinlichkeit ein positives Ereignis erleben.

Planungsfehlschluss
Der Planungsfehlschluss (englisch *Planning Fallacy*) ist die Tendenz von Menschen und Firmen, die Zeit (und Kosten) zu unterschätzen, die sie für eine Vollendung einer Aufgabe bzw. eines Projektes benötigen.

Priming Effekt
Der Priming Effekt (auch nur Priming) ist die Tendenz, dass ein Reiz, wie z.B. Ein Wort, ein Bild, ein Geruch, eine Geste oder Ähnliches, Gedächtnisinhalte unbewusst aktiviert und somit unsere Entscheidungen beeinflusst.

Pump & Dump

Pump & Dump bezeichnet eine Form von Marktmanipulation (bzw. Betrug) bei der der Preis durch falsche und irreführende positive Aussagen oder durch massive Käufe künstlich erhöht („aufgepumpt"; engl. *pump*) wird, um den vorher günstig gekauften Bestand zu einem höheren Preis an gutgläubige Anleger zu verkaufen. Sobald die Betreiber des Systems ihre überbewerteten Kryptowährungen verkaufen (engl. *dump* für ‚loswerden'), sinkt der Preis und die gutgläubigen Investoren verlieren ihr Geld.

Regressionseffekt

Als Regressionseffekt, oder auch Regression zur Mitte (englisch *Regression toward the mean*) wird das Phänomen bezeichnet, das nach einem extrem ausgefallenen Messwert der nachfolgende wieder näher am Durchschnitt liegt. Dies gilt dann, wenn der Zufall einen Einfluss auf den Messwert hat und wenn die beiden Messungen korrelieren.

Repräsentativitätsheuristik

Die Repräsentativitätsheuristik (englisch *Representativeness Heuristic*) ist eine Verzerrung, bei der Entscheider die Eintrittswahrscheinlichkeit von Ereignissen höher einschätzen, wenn diese die zugrunde liegende Grundgesamtheit besser repräsentieren.

Rückschaufehler

Der Rückschaufehler (englisch *Hindsight Bias*) wird auch „Ich wusste es die ganze Zeit-Effekt" genannt. Er ist die Tendenz von Menschen im Nachhinein zu glauben etwas gewusst zu haben, was sie nachweislich aber nicht gewusst haben.

Sicherheitseffekt

Beim Sicherheitseffekt (engisch *Certainty Effect*) werden Ereignisse, die fast sicher sind, im Verhältnis zu ihrer Wahrscheinlichkeit, untergewichtet.

Schwarzer Schwan
Ein Schwarzer Schwan (englisch *Black Swan*) ist eine Metapher für ein unvorhergesehenes, plötzlich auftretendes Risiko, das zu einem massiven Kurseinbruch führt und Anleger ihr Geld verlieren.

Selbstüberschätzung
Die Selbstüberschätzung (engl. *Overconfidence-Bias, Overconfidence Effect*) ist eine Form der systematischen Fehleinschätzung des eigenen Könnens und Wissens sowie eigener Kompetenzen.

Stock Picker
Ein Stock Picker ist ein Investor, der durch das gezielte Investieren in einzelne Aktien versucht, eine überdurchschnittliche Rendite zu erzielen.

Stop Loss
Eine Stop Loss Order (kurz Stop Loss, SL) ist eine Limit Order zur Begrenzung des Risikos.

Sunk-Cost-Effekt
Der Sunk-Cost-Effekt (auf Deutsch etwa Versunkene-Kosten-Fehler) ist die Tendenz, länger an einem Vorhaben festzuhalten, wenn eine Investition in Form von Zeit, Aufwand oder Geld bereits getätigt wurde.

Take Profit
Eine Take Profit Order (kurz Take Profit, TP) ist eine Limit Order zur Mitnahme eines Gewinns.

Unterstützung
Eine Unterstützung ist eine horizontale Linie unter dem aktuellen Kurs, die von mehreren Tiefs auf gleicher Höhe generiert wurde. Sie ist eine Unterstützung für den Kurs, da er nur schwer nach unten durchbrechen kann.

Verfügbarkeitsfehler
Der Verfügbarkeitsfehler, auch als Verfügbarkeitsheuristik bezeichnet (englisch *Availability Error*), ist die Tendenz, die Wahrscheinlichkeit von Ereignissen mit höherer "Verfügbarkeit" im Gedächtnis zu überschätzen.

Verfügbarkeitskaskade
Die Verfügbarkeitskaskade (englisch *Availability Cascade*) ist eine sich selbst tragende Kette von Ereignissen, ausgelöst von Medienberichten über ein meist unbedeutendes Ereignis.

Verlustaversion
Die Verlustaversion (englisch *Loss Aversion*) ist die Abneigung von Menschen gegenüber Verlusten.

Widerstand
Ein Widerstand ist eine horizontale Linie über dem aktuellen Kurs, die von mehreren Hochs auf gleicher Höhe erzeugt wurde. Sie ist ein Hindernis für den Kurs, da er nur schwer nach oben durchbrechen kann.

WYSIATI-Regel
Die WYSIATI-Regel steht für „What you see is all there is“ auf Deutsch etwa "Es zählt nur, was man gerade weiß“. Unser Gehirn verarbeitet nur die aktuell verfügbaren Informationen.

Quellen

Nachfolgend eine Auflistung von Quellen, die Einfluss auf dieses Buch genommen haben.

Bücher

Denken hilft zwar, nützt aber nichts: Warum wir immer wieder unvernünftige Entscheidungen treffen - Dan Ariely, 2015. ISBN: 978-3426300886

Wer denken will, muss fühlen: Die heimliche Macht der Unvernunft – Dan Ariely, 2015. ISBN: 978-3426300893

Die halbe Wahrheit ist die beste Lüge: Wie wir andere täuschen – und uns selbst am meisten - Dan Ariely, 2012. ISBN: 978-3426275986

Der Halo-Effekt: Wie Manager sich täuschen lassen - Phil Rosenzweig und Nikolas Bertheau, 2008. ISBN: 978-3897497894

Der Schwarze Schwan: Die Macht höchst unwahrscheinlicher Ereignisse - Nassim Nicholas Taleb, 2015. ISBN: 978-3813506860

Das Risiko und sein Preis – Skin in the Game - Nassim Nicholas Taleb, 2018. ISBN: 978-3328600268

Fooled by Randomness: The Hidden Role of Chance in Life and in the Markets - Nassim Nicholas Taleb, 2007. ISBN: 978-0141031484

Immer erfolgreich. Die Strategien der Top- Unternehmen - Jim Collins & Jerry I. Porras, 2003. ISBN: 978-3421056504

The intelligent investor - Benjamin Graham, 2006. ISBN: 978-0060555665

Principles: Life and Work - Ray Dalio, 2017. ISBN: 978-1501124020

Schnelles Denken, langsames Denken - Daniel Kahneman, 2016. ISBN: 978-3328100348

Die Kunst des klaren Denkens: 52 Denkfehler, die Sie besser anderen überlassen - Rolf Dobelli und Birgit Lang, 2019. ISBN: 978-3492315661

Die Kunst des klugen Handelns: 52 Irrwege, die Sie besser anderen überlassen - Rolf Dobelli, 2014. ISBN: 978-3423348287

Die Psychologie des Überzeugens: Wie Sie sich selbst und Ihren Mitmenschen auf die Schliche kommen - Robert B. Cialdini, 2017. ISBN: 978-3456857206

Checklist Manifesto – Atul Gawande, 2011. ISBN: 978-0312430009

Achtung Denkfalle, Die erstaunlichsten Alltagsirrtümer und wie man sie durchschaut – Christian Hesse, 2011. ISBN: 978-3406622045

Wirtschaftspsychologie: Individuen, Gruppen, Märkte, Staat - Erich Kirchler, 2011. ISBN: 978-3801723620

Schaub, Harald - Sunk Costs, Rationalität und ökonomische Theorie. Schäffer Poeschel, Stuttgart 1997. ISBN 3-7910-1244-4

John Sutton: Sunk Costs and Market Structure: Price Competition, Advertising, and the Evolution of

Concentration. Mcgraw Hill Book Co; Auflage: 1st MIT Press Pbk. Ed (30. September 2007). ISBN 978-0262693585

Joseph P. Forgas, Dieter Frey: Soziale Interaktion und Kommunikation – Eine Einführung in die Sozialpsychologie, Halo-Effekte, S. 61 ff., BeltzPVU, 1999, ISBN 978-3-621-27145-5.

David Aronson: Evidence-Based Technical Analysis: Applying the Scientific Method and Statistical Inference to Trading Signals. In: Band 274 von Wiley Trading. John Wiley & Sons, 2011. ISBN 978-1-118-16058-9. Kapitel 2: The intuitive judgment and the role of heuristics.

Paper

Repräsentativitätsheuristik (Subjective Probability: A Judgment of Representativeness. Cognitive Psychology 3, 1972, 430-454)

Young, A. (2011). Prospect Theory: An Analysis of Decision Under Risk (Kahneman and Tversky, 1979).

Tversky, A., & Kahneman, D. (1974). Judgment under Uncertainty: Heuristics and Biases. Science, 185 4157, 1124-31 .

Kahneman, D., & Tversky, A. (1979). Prospect theory: An analysis of decision under risk Econometrica 47.

Tversky, A., & Kahneman, D. (1981). The framing of decisions and the psychology of choice. Science, 211 4481, 453-8 .

Kahneman, D. (2003). A perspective on judgment and choice: mapping bounded rationality. The American psychologist, 58 9, 697-720 .

Kahneman, D., & Tversky, A. (1984). Choices, values, and frames.

Tversky, A., & Kahneman, D. (1991). Loss Aversion in Riskless Choice: A Reference-Dependent Model.

Kahneman, D. (2003). Maps of Bounded Rationality: Psychology for Behavioral Economics.

Kahneman, D., & Tversky, A. (1973). On the Psychology of Prediction.

Kahneman, D., Knetsch, J.L., & Thaler, R.H. (1990). Experimental tests of the endowment effect and the coase theorem

Kahneman, D., & Frederick, S. (2002). Representativeness revisited: Attribute substitution in intuitive judgment.

Kahneman, D., & Lovallo, D. (1993). Timid Choices and Bold Forecasts: A Cognitive Perspective on Risk Taking.

Kahneman, D. (2003). Maps of bounded rationality: A perspective on intuitive judgment and choice.

Kahneman, D., & Tversky, A. (1996). On the reality of cognitive illusions. Psychological review, 103 3, 582-91; discusion 592-6.

Tversky, A., & Kahneman, D. (1971). Belief in the law of small numbers.

Kahneman, D. (2003). A Psychological Perspective on Economics.

P. Slovic, M. L. Finucane, E. Peters, D. G. MacGregor: The affect heuristic. In: T. Gilovich, D. Griffin, D. Kahneman (Hrsg.): Heuristics and biases: The psychology of intuitive judgment. Cambridge University Press, New York 2002, S. 397–420.

Amos Tversky, Daniel Kahneman: Judgment under Uncertainty: Heuristics and Biases. In: Science. Band 185, Nr. 4157, 27. September 1974

A. Tversky, D. Kahneman: Availability: A heuristic for judging frequency and probability. In: Cognitive Psychology. Band 42, 1973, S. 207–232

Jack L. Knetsch: The Endowment Effect and Evidence of Nonreversible Indifference Curves. In: The American Economic Review. Bd. 79, Nr. 5, Dezember 1989, S. 1277–1284.

Peter Wason: Reasoning about a rule. In: Quarterly Journal of Experimental Psychology, Band 20, 1968, ISSN 0033-555X, S. 273–281.

Thomas Langer, Niels Nauhauser: Zur Bedeutung von Cost-Average-Effekten bei Einzahlungsplänen und Portefeuilleumschichtungen. 2002

Hersh Shefrin, Meir Statman: The Disposition to Sell Winners Too Early and Ride Losers Too Long: Theory and Evidence. In: The Journal of Finance, 40. Jg. Nr. 3, doi:10.2307/2327802, S. 777–790 (englisch).

R. F. Baumeister, E. Bratslavsky, M. Muraven, D. M. Tice: Ego depletion: Is the active self a limited resource? In: Journal of Personality and Social Psychology. 74, 1998, S. 1252–1265.

Gino, Francesca; Moore, Don A.; Bazerman, Max H. (2009). "No Harm, No Foul: The Outcome Bias in Ethical Judgments" (PDF). SSRN 1099464. Harvard Business School Working Paper, No. 08-080.

D. Kahneman, A. Tversky (Hrsg.): Choices, values and frames. Cambridge University Press, Cambridge 2000.

William B. Carpenter: Essays Scientific and philosophical, D. Appelton and Company 1889, S. 182 ff

Moreland & Zajonc (1982): Exposure effects in person perception: Familiarity, similarity, and attraction. Journal of Experimental Social Psychology, 18, S. 395–415

O'Sullivan, Owen P. (2015). The neural basis of always looking on the bright side. Dialogues in Philosophy, Mental and Neuro Sciences, 8(1):11–15.

Stephen Palmer: The effects of contextual scenes on the identification of objects. In: Memory and Cognition. Nr. 3, 1975, S. 519–526.

Murphy, Sheila & Zajonc, Robert. (1993). Affect, Cognition, and Awareness: Affective Priming With Optimal and Suboptimal Stimulus Exposures. Journal of personality and social psychology. 64. 723-39. 10.1037//0022-3514.64.5.723.

Stigler, Stephen M (1997). "Regression toward the mean, historically considered". Statistical Methods in Medical Research. 6 (2): 103–114.

B. Fischhoff: Hindsight ≠ foresight: the effect of outcome knowledge on judgment under uncertainty. In: Journal of Experimental Psychology: Human Perception and Performance. Band 1, Nr. 3, 1975, S. 288–299

Baruch Fischhoff, Ruth Beyth: "I knew it would happen". Remembered Probabilities of Once-Future Things. In: Organizational Behavior and Human Performance. Band 13, Nr. 1, 1975, S. 1–16

Don A. Moore, Deborah A. Small: Error and Bias in Comparative Judgment: On Being Both Better and Worse Than We Think We Are. Journal of Personality and Social Psychology, 2007, Vol. 92, No. 6, 972–989.

Barber, Brad M. and Odean, Terrance, Trading is Hazardous to Your Wealth: The Common Stock Investment Performance of Individual Investors.

Links

Scheinkorrelationen:
https://scheinkorrelation.jimdofree.com/
https://www.tylervigen.com/spurious-correlations

Klassische Experimente der Psychologie:
https://de.wikipedia.org/wiki/Liste_der_klassischen_Experimente_in_der_Psychologie

Regressionsfalle - Prof. Dr. Klaus Fiedler, Psychologisches Institut
https://www.uni-heidelberg.de/presse/ruca/ruca2_2000/falle.html

The Invisible Gorilla: And Other Ways Our Intuitions Deceive Us:
www.theinvisiblegorilla.com

Optimismus Verzerrung und Prä-Mortem Methode:
https://notum-analytica.de/wenn-eine-positive-einstellung-zum-problem-wird-die-optimismus-verzerrung/

Hypothesentest
https://www.studyhelp.de/online-lernen/mathe/hypothesentests/#:~:text=Eine%20100%25%2Dige%20Sicherheit,Tests%20benutzt%20man%20die%20Binomialverteilung.

The Monkey Business Illusion:
https://www.youtube.com/watch?v=IGQmdoK_ZfY

Soziales Netzwerk für Trader und Investoren:
https://de.tradingview.com/

Register

Affektheuristik 84
Allais-Paradoxon 78
Angst 92
Ankereffekt 42
Basisratenfehler 100
Besitztumseffekt 32
Bestätigungsfehler 25
Bitcoin Halving 110
Carpenter-Effekt 47
Denkfehler 121
Die zwei Systeme 15
Dispositionseffekt 75
Ego-Depletion 96
Enttäuschung 90
Ergebnisfehler 23
Erkenntnisillusion 62
Erwartungsprinzip 77
Framing Effekt 49
Gier 92
Halo-Effekt 56
Heuristik 18
ideomotorische Effekt 47
Kompetenzillusion 59
Konjunktionsfehlschluss 111
Korrelation-Kausalität-Fehler 109
Mere-Exposure-Effekt 48
Möglichkeitseffekt 76
Muster-Illusion 28
Nenner-Vernachlässigung 107
neue Erwartungstheorie 68
Optimismus-Verzerrung 34
Planungsfehlschluss 38
Priming Effekt 45
Reference Class Forecasting 40
Reframing 52
Regressionseffekt 113
Repräsentativitätsheuristik 105
Reue 86
Rückschaufehler 21
Schläger-Ball-Problem 16
Selbstüberschätzung 64
Sicherheitseffekt 76
Sunk-Cost-Effekt 30
Valenzeffekt 36
Verfügbarkeitsfehler 102
Verfügbarkeitskaskade 94
Verlustaversion 71
Verlustaversionsrate 72
WYSIATI-Regel 20

https://btc-machine.com

Blog
Tools
Podcast
Mentoring
und mehr

BITCOIN COT BIBLE

Bitcoin COT Bible – Erfolgreiche BTC Investments mit dem Commitment of Traders Report. Ab Ende 2020 erhältlich.

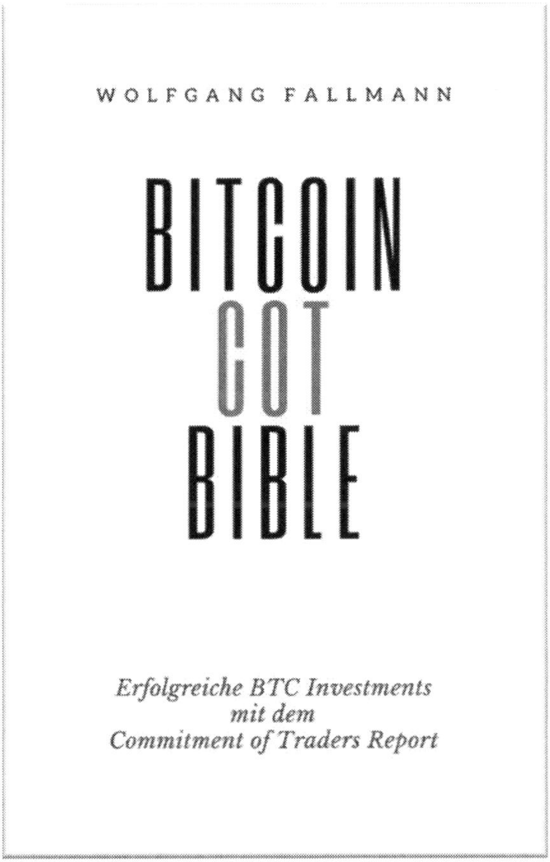

Impressum
Wolfgang Fallmann
Oberdörfl 25
9072 Ludmannsdorf
info@wolfgangfallmann.com

Printed in Poland
by Amazon Fulfillment
Poland Sp. z o.o., Wrocław

71744597R00103